「世の光」「ライフ・ライン」バイブルメッセージ集

愛の泉あふれて

企画・構成
太平洋放送協会（PBA）

村上宣道　板倉邦雄
原田憲夫　関根弘興
福井　誠　羽鳥頼和
水谷　潔　黒木昭江
大嶋重德　山本陽一郎

いのちのことば社

まえがき

「二人は話し合った。『道々お話しくださる間、私たちに聖書を説き明かしてくださる間、私たちの心は内で燃えていたではないか』」（ルカの福音書 24章32節）

皆様に新しいバイブルメッセージ集をお届けできることを大変嬉しく思います。

私は子どものころ、福音書の物語を聞くたびに、「イエス様の弟子たちはいいな！」と思いました。どうしてもっと早く生まれてこなかったんだろう。二千年前に生まれていれば、イエス様から直接お話しを聞けたかもしれないのにと思ったのです。でも大丈夫です。「この神のことばは、信じているあなたがたのうちに働いています」とパウロが書いたように（テサロニケ人への手紙第一 2章13節）、聖書にあるイエス様のみことばは、今も私たちの中に生きて働いているのです。

このバイブルメッセージ集は、イエス様のみことばが執筆者の先生方の心を新しくし、力づけ、変えてしまった、その証言集でもあります。今度は、読んでくださる皆様の番です。イエス様がどのような語りかけをしてくださるか、どうぞ期待してお読みください。

一般財団法人 太平洋放送協会 理事長　矢木良雄

わたしを信じる者は、聖書が言っているとおり、その人の
心の奥底から、生ける水の川が流れ出るようになります。
――ヨハネの福音書 7章38節

装丁　前野　愛

関根弘興メッセージ

あなたはあなたです。そのあなたが神様に愛されているのです。だから自分を大切にして生きていくのです。

■あなたは幸せですか？

誰もが幸福になりたいと願うのは当然なことです。「あなたは幸せですか？」と尋ねられると、多くの人は「はい。うーん、まあ幸せですかね」と答えるそうです。「だって、食べるものもあるし、一応、住む家もあるし、世界中で不幸な出来事に苦しんでいる人のことを考えれば、私なんか幸せなほうですよ」。こういう答えが圧倒的に多いそうです。ところが、同じ人に「今の生活が幸せなら、ご不満はありませんよね？」と尋ねてみると、「それとこれとは話は別よ」となるというのですね。

私たちの生活において、幸福感を失わせてしまうものがあるとするなら、その一つは、人生の意味や目的がわからないということです。自分は何のために生きているのか、それがわからなければ生きていくことはむなしくなっていきます。

私の友人に新聞記者をしていた人がいました。彼は高校生のとき、人生にいろいろな疑問を持ち、あるとき担任の先生にこう尋ねたのです。「先生。僕たちは何のために生きているのですか？」と。すると先生は「難しい質問をするな。考えておくから昼休みになったらもう一度来なさい！」と返答したのです。そこで昼休みに行くと、先生はちょうど弁当を食べていました。

「お前の質問はなかなか難しいな。でも、いろいろ考えてやっとわかったぞ。これを見ろ」

「えっ？　先生。それは弁当箱ですが」

「そうだ、弁当箱だ。よく見ろ、中に何が入っている？」

「ご飯が入っています」

「そうだ。人間はなあ、このために、つまり食うために生きているんだ」

これが答えだったというのです。彼は大変ショックを受けたそうです。もちろん、私たちは食べていくために働きます。おいしい物を食べて満足もします。しかし、もし食べることが人生の目的だというなら、それもむなしいですね。しかし、もし自分は何のために生きているのかという存在の意味が明確になるなら、人生は必ず変わっていきます。

聖書は「神様は愛です」と伝えています。そして、「神様の愛の対象は、私たち一人ひとりです」と語りかけているのです。つまり、私たちの生きる意味や目的は何かというと、神様に愛されている存在として生きていくこと、あなたがそこにいてくれること、存在そのものに意味と目的があるということなのです。何ができるとかできないにかかわらず、神様に愛されている尊い存在こそ、あなた自身なのですね。

■キャッチボール

ある子育ての本の中に、コミュニケーションの基本は、キャッチボール式コミュニケーションでなければならない、と記されていました。しかし、多くの場合は、バレーボールのスパイク式コミュニケーションだというのです。バレーボールのスパイクですから、上から下へ強烈にたたきつけるのです。これでは、確かに良いコミュニケーションを持つことはできません。一方的に上から言われても、決して良いコミュニケーションをとることはできません。「何やっているの、言うことを聞きなさい。早くしなさい。しょうがないね。あなたの話なんて聞いていられません！」これではボールはコートにたたきつけられるだけで、何も返すことができませんね。

ある遊園地の社内教育に、迷子になって泣いている子どもへの対応の仕方の訓練があるそうです。上から見下ろして頭ごなしに「どうしたの？」と声をかけてはいけないというのです。腰をかがめ、その泣いている子どもと目線を合わせて初めて、声をかけるのだそうです。つまり、大切なのは目の位置というわけですね。

私たちが、何かを伝えようとするとき、頭ごなしでは伝わりません。相手の立場になって初めて良いコミュニケーションがとれていくのです。

それでは聖書は、神様と私たちとのコミュニケーションをどう記しているのでしょう。もし、神様が一方的に上から、まるでバレーボールのスパイクを打つように私たちとコミュニケーションをとろうとするなら、私たちは、ただ打ちたたかれてしまうだけになってしまうでしょう。でも、神様のほうで、私たちの目線にまで降りてきてくださったとしたらどうでしょう。

聖書には不思議なことばがこう記されています。「キリストは、神の御姿《みすがた》であられるのに、神としてのあり方を捨てられないとは考えず、ご自分を空《むな》しくして、しもべの姿をとり、人間と同じようになられました」（ピリピ人への手紙 2章6、7節）

いったいどういうことなのでしょう。それは、今からおよそ二千年前に神である方がこの地上に来てくださったということです。この方こそイエス・キリストです。イエス・キリストは私たちの目線にまで降りてきてくださり、私たちを理解し、「さあ重荷を下ろして、わたしのもとに来なさい。休ませてあげるから」と招いてくださるのです。私たちは、いま聖書のことばを通して、このイエス・キリストと親しくコミュニケーションを持つことができるのです。さあ、あなたの思いのままをこの方に打ち明けて、キャッチボールをしてみませんか。

■ I LOVE YOU と言えますか？

しばらく前のことですが、高齢者を対象に歌の集いをした時のことでした。今日は皆さんにすばらしい言葉を教えましょう、ということで、「I LOVE YOU」という短い言葉をお教えしました。もちろん、その意味は皆さん知っていました。「それでは隣にいらっしゃる方にその言葉を言ってみてください」と言うと、照れながら、そしてニコニコしながらその時を過ごしたのです。

そこには九十歳を過ぎた方が参加していましたが、「先生、今日はいい言葉を聴いて良かった」とお礼を言ってくださいました。二週間後にまた集いがあり、その方が私のところに来てこう言われたのです。「関根先生、前回教えてもらったあの言葉は、『お前のことが大好きで大切だ』という意味でしたよね。それで、高校生になる孫に手紙を書いたんですよ。ひとこと『I LOVE YOU』って書き送ったんですよ」と。

「それはお孫さん喜んだでしょう？」と問い返すと、こう言われました。「孫が言うんですよ。『I LOVE YOU は若い人の使う言葉だよ』って」。お孫さんもおばあちゃんから突然手紙をもらって、さぞびっくりしたと思いますが、孫はとても喜んでくれた、と話してくれました。

皆それぞれに自分に関する自己像を持っています。あなたは毎朝、洗顔のとき、鏡を見ながら、映っている自分の姿に「I LOVE YOU」と言えますか？ それとも、「あー、今日もお前と付き合うのか。もううんざりだ」と嘆きますか？ 今朝、もう一度鏡に映るあなた自身をじっくり見つめてください。そして、自分という存在の尊さを感じてください。自分の価値をかみしめていただきたいのです。

あなたが自分をどう見ているかは、他の人があなたをどう見ているかということよりも、はるかに重要なことです。人の言葉に傷つく前に、あなた自身の言葉で自分を傷つけていないか点検してみませんか。

そして、私はこのことをお伝えしたいのです。天地を造られ、愛と真実に満ちた聖書の神様が、あなたをどう見ておられるかということです。

イザヤ書 43章4節には、「わたしの目には、あなたは高価で尊《たっと》い。わたしはあなたを愛している」とあります。あなたを愛している、あなたは大切なかけがえのない存在だと語り続けてくださる神様がいてくださいます。あなたはあなた以上になることもできないし、あなた以下でもありません。あなたはあなたです。そのあなたが神様に愛されているのです。だから自分を大切にして生きていくのです。あなたは自分に対して「I LOVE YOU」と言えますか？

■人生は出会いで決まる

イエス・キリストの公の生涯は三十歳を過ぎた頃からでした。キリストの弟子のひとりにヨハネがいました。彼は「雷の子」というあだ名を付けられるほど気性の激しい人物でした。しかし、キリストとの出会いは、彼を大きく変え、晩年には「愛の人」と呼ばれるほど人生が変えられていきました。一体何が起こったのでしょう。

ところで、私たちの存在を決定するのは、自分の意志ではありません。私の両親がどこかで出会い、今の私が存在するわけです。そしてすぐにいろいろな出会いが始まります。生まれてすぐ育ててくれる存在と出会います。保育園や幼稚園、小学校、中学校、高校と進んでいき、先生や、友人たちと出会い、だんだんと社会での交流、出会いが広がっていくわけです。そして、交流が広がれば広がるほど、自分とは違うさまざまな考えを持った人がたくさんいるのだとわかってくるわけですね。その違いによって時には「とかくこの世は住みにくい」という思いになってくることもあります。いずれにせよ、私たちの人生は、さまざまな出会いや交流によって方向づけされていくわけです。ですから、誰に出会うかということは、大きく人生を左右することになります。

ヨハネは、手紙の中で感動を込めてこうつづっています。「キリストは私たちのために、ご自分のいのちを捨ててくださいました。それによって私たちに愛が分かったのです。ですから、私たちも兄弟のために、いのちを捨てるべきです」（ヨハネの手紙 第一 3章16節）

この短いことばの中に、三つのことが書かれています。一つは「キリストは私たちのために、ご自分のいのちをお捨てになりました」という事実です。教会のシンボルマークは十字架ですね。キリストが十字架にかけられたことを否定する人はほとんどいません。でも、その十字架が「私のため」だったという事実に目を向ける人は、そう多くはありません。しかし、十字架が私のためであったという事実を知ったとき、そこに大きな愛を発見するのです。

そして、その愛を見いだしたとき、「兄弟のために命を捨てるという」新しい行動原則に歩むようになっていったとヨハネは記しました。兄弟のために命を捨てるなんて、私にはとてもできないと考えてしまうかもしれません。でもこれは、「相手の最善を願い、生きる行動原則」と考えればよいのです。ヨハネにとって、このキリストとの出会いは、人生を変え、愛されていることを知り、相手の最善を願いながら生きていこう、そんな人生へと変えられていくものだったのです。人は、愛されることによって安心し、愛に生きることによって充足する存在なのです。

関根弘興（せきね・ひろおき）

1956年、牧師の家庭に生まれる。聖契神学校卒業。現在、神奈川県小田原市にある城山キリスト教会牧師。テレビ番組「ライフ・ライン」、ラジオ番組「世の光」の聖書のお話を担当。著書に『聖書通読手帖』、『恵みあふれる聖書の世界』がある。

黒木昭江メッセージ

神さまのことばである聖書は、そんな私たちに希望を与え、倒れこんでしまった心を立ち上がらせてくれます。

■不幸に次々見舞われても

毎日、元気で楽しく、何も心配しないで生きていけたら、これほど良いことはないのになぁと思います。けれども、たとい問題が起きたとしても、それを乗り越える秘訣を持つことができたなら、そのほうがずっと安心だと思いませんか。

旧約聖書に登場するヨセフという人は、次々と不幸に見舞われました。まだ少年の頃、兄たちに憎まれ、兄たちの策略のもと、外国へ売られてしまいます。そこで奴隷にされるのですが、今度は主人の妻の陰謀で罪をでっちあげられ、監獄に入れられてしまうのです。

しかしそんな不幸の連続を記す聖書の記述の中に、ときどきキラッと光る言葉が登場します。それは「主がヨセフとともにおられた」という言葉です。聖書は伝えます。ヨセフは苦しんでいるけれども決して孤独ではない。目には見えないけれど、苦しむヨセフのそばに、ちゃんと神さまがおられる。

またヨセフも、不幸の中で腐りきってしまわず、見えない神さまを、ちゃんと心の目で見続けて、神さまに喜ばれるように生きていこうと努めるのです。その結果、彼は、監獄で囚人のお世話係を任され、やがて、国の財務の監督官となります。さらには、その地位を得たおかげで、自分の家族と再会し、家族を助けます。ヨセフは自分を外国へ売った兄弟たちにこんなふうに語ります。「私をここに売ったことで、今、心を痛めたり自分を責めたりしないでください。神はあなたがたより先に私を遣わし、いのちを救うようにしてくださいました」(創世記45章5節)

苦しみも悲しみもある人生を生き抜く秘訣、それは人生を導く神さまの存在を知ることです。私たちはしばしば、不本意な場に置かれます。いたくない場所にいなくてはならない。行きたくない場所へ行かなくてはならない。逃げ出したいがどうにもならない。しかし、そのどこにでも「神が一緒にいて守ってくださる」ことを、聖書は私たちに教えています。そして、そのことを忘れないなら、私たちもヨセフのように、環境に左右されず、力強く生きていけるのです。

私も、自分の願わない状況に人生が置かれてしまうことがありました。けれどもそのたび、神さまの恵みを経験させられてきました。もちろん、いつでも、いわゆるハッピーエンドではありませんが、振り返れば、神さまはすべてを最善にしてくださいました。そして、私は心から自分の人生を喜んでいます。

どんな状況の中にあっても、神さまは私たちに、人生を歩み続ける力をくださいます。神さまがともにおられるなら、私たちは決して揺るがされません。

■望みが消え失せても

　ある人が広い地へ連れて来られました。そこには人骨があふれていました。しかもその骨は、すっかり干からびていました。

　これは聖書の一場面です。連れて来られたのはエゼキエルという人。彼をそんな恐ろしい場所へ連れてきたのは神さま。しかしこれは現実の場所ではなく幻でした。神さまがエゼキエルに見せた視覚教材で、リアルな教材の前に立たされたエゼキエルはハッとしました。なぜなら、この情景は、エゼキエルと仲間たちが日々、語り合っていた言葉の再現だったからです。

　エゼキエルたちの国は戦争でやぶれ、国民は捕囚として敵国へ連れ去られました。苦難の中で彼らは「いつか必ず故郷に帰る」とみずからを奮い立たせていましたが、故郷のシンボルでもある神殿が破壊されると彼らの心は折れました。そして彼らは「私たちはもうダメだ。希望もなくなり、まるで干からびた骨のように立ち上がることができない」と言うようになったのです。

　神さまはそんな彼らの絶望の叫びを聞いておられました。そこで神さまは、神さまのことばを教える教師でもあったエゼキエルを選んで、人々の絶望の言葉をリアルに再現し「あなたたちは自分たちがこのような姿だと言っているのだね」と問われたのです。

神さまは、絶望しているエゼキエルに希望を与えるために、この情景を見せました。神さまはおっしゃいます。「干からびた骨よ、主のことばを聞け。神である主はこれらの骨にこう言う。見よ。わたしがおまえたちに息を吹き入れるので、おまえたちは生き返る」（エゼキエル書37章4、5節）。神さまはエゼキエルたちの絶望の声を聞き、それを受け止めた上で、もしあなたたちが「干からびた骨」であっても、神さまのことばを聞くなら、その骨がつなぎ合わされ、筋肉がつき、それを皮膚が覆って、ちゃんと命を吹き返す、と宣言してくださったのです。

神さまのことばには力があります。私たちもしばしば、自分自身を干からびた骨のように感じることはないでしょうか。すっかり自信をなくし、希望を見つけられず、人生に絶望してしまう、そんな経験はありませんか。神さまのことばである聖書は、そんな私たちに希望を与え、倒れこんでしまった心を立ち上がらせてくれます。

半年ほど前、私はとても落ち込んでいました。教会の大切な仲間が思いがけず、若くして亡くなってしまったのです。たくさん泣いた翌朝、「世の光」の放送を聴きました。そこで語られた聖書のことばは、私を慰め、励まし、立ち上がらせてくれました。

神さまのことばは、あなたの人生にも希望を与えます。

■愛を求めて傷ついても

悩みごとランキングで上位を占めるのは、いつの時代も人間関係です。どうしたら、人間関係の悩みを解決できるのでしょうか。

聖書に、人間関係に悩んでいた女性が登場します。この女性は過去に五回結婚した後、現在は結婚していない男性と暮らしていました。六度目の結婚に踏み切らなかったのは、もう結婚に疲れていたのか、あるいは何か、二人の間に、結婚へと向かえない事情があったのかもしれません。

痛みを抱えた人生でした。しかし世間はそんな彼女に冷たかったのです。町の人々は、彼女の結婚生活をうわさしました。それは、傷ついた彼女をさらに追い詰めました。彼女は人と会いたくなくて、町の中心にある井戸に水をくみに行くのも、人がやって来ない時間帯をわざわざ選んで出かけていたのです。

ある日のこと。その井戸の傍らに誰かが座っていました。イエス・キリストでした。イエスは、水を求めて井戸にやって来た彼女の真実、つまり、本当は心が渇いていたこと、そして人の愛を求めていたけれども、その願いがことごとく破られてきたことをご存知でした。イエスはおっしゃいました、「わたしが与える水は、その人の内で泉となり、永遠のいのちへの水が湧き出ます」（ヨハネの福音書 4章14節）

人間の心の中には、神さまによってしか埋められない空洞があると言われます。多くの人がその空洞を神さま以外のもので埋めようとして、さらに深い苦悩へ陥っています。彼女もまた、その空洞を誰かに愛されることによって埋めようとしました。しかし願うようにはならず、かえって傷つきました。しかしそんな人生も、イエス・キリストと出会うことによって変えられます。

彼女は、イエスと語り合ううちに、イエスこそがその空洞を埋める救い主であると気づくのです。イエスが与える水とは、神さまとともに生きる人生のこと。神さまとともに歩むなら、人は愛に渇くことなく、逆に、周囲の人々を愛で満たすようになります。人生に泉が湧くのです。

彼女はイエスと語り終えると、自分から、これまで避けてきた町の人々のもとへ出て行き、イエスこそ救い主だと語り伝えました。町の人々もまた、彼女の言葉を通して、イエスの救いを受けることができました。彼女の人生に泉が湧きました。

彼女はイエスと出会い、心の渇きが満たされて、人に幸せにしてもらうのではなく、人を幸せにする人生をスタートさせたのです。それこそが人生を充実させる人間関係でした。

神さまは私たちにも幸いな人間関係を与えてくださいます。

■罪を犯した過去があっても

過去を悔やむことがあります。過去の世界へタイムループする物語が人気なのは、多くの人が過去を変えたいと願うからかもしれません。聖書にも、変えられない過去を背負う人が登場します。彼の名前はパウロ。この人はユダヤの宗教原理主義者で、多くの人を殺害しました。組織の一員として、クリスチャンたちを憎み、次々と牢に入れ、殺したのです。

ある日、パウロはもっと多くのクリスチャンを殺そうと思い立ち、別の町へと移動しました。そして、その途上でイエス・キリストに出会ったのです。劇的な出会いでした。突然、天から光が差し、その光の中からキリストは彼に語りました。「なぜわたしを迫害するのか」。その瞬間、パウロは目が見えなくなります。

キリストはパウロを罰したかったのではなく、罪の生活から救い出したかったのです。そして、一人のクリスチャンをパウロのもとへ遣わし、その人が祈りをささげると、パウロの目からうろこのようなものが落ちて、見えるようになります。この時、彼は、自分がこれまでしてきたことの罪深さを悟ったのです。

パウロはクリスチャンになります。しかも、神さまの恵みによって、キリスト教の伝道者となります。しかしキリスト教会には、パウロによって殺された者たちの遺族がいました。彼らは被害者、パウロは加害者でした。パウロは信仰生活を送りながら、繰り返し繰り返し、自分の過去と向き合わされました。しかし、苦しくなるたび、キリストはパウロに、十字架の恵みを語ってくださったのです。

キリスト教会には十字架がかかっています。それは、神さまが人の罪を赦してくださったしるしです。パウロは、みずからの罪に責めたてられるような感情が湧いても、自分を奮い立たせるように、十字架を見上げて生きたのでしょう。後にキリストに選ばれた宣教者として「使徒」と呼ばれるようになったパウロは、教会宛てにこんな手紙を書いています。「私は使徒の中では最も小さい者であり、神の教会を迫害したのですから、使徒と呼ばれるに値しない者です。ところが、神の恵みによって、私は今の私になりました」（コリント人への手紙第一　15章9、10節）。パウロは、自分の罪を悲しみながらも、悲しみに溺れず、神さまの恵みを見上げ続けたのです。

神さまは私たちの罪も、赦してくださいます。そして新しい人生をくださいます。過去を変えることはできませんが、その過去をも、ご自身の恵みで覆ってくださいます。

ぜひお近くの教会をお訪ねください。神さまはあなたが来られるのを待っておられます。

黒木昭江（くろき・あきえ）

1967年、静岡県生まれ。14歳のときにラジオ番組「世の光」を聴いて教会へ導かれる。聖契神学校卒業。同盟福音キリスト教会富田キリスト教会牧師。ラジオ番組「世の光」メッセンジャー。

福井 誠メッセージ

豊かな人生の秘訣は、目に見えるものではなく、目に見えない神の愛と誠実さに目を開かれることにあるのです。

■鼻をねじると血が出る

「乳をかき回すと凝乳《ぎょうにゅう》ができる。鼻をねじると血が出る。怒りをかき回すと争いが起こる」（箴言30章33節）

この箇所は、三つのフレーズを繰り返し、一つの事実を強調して語っています。まず「乳をかき回すと凝乳ができる」と言います。凝乳って何？と思う人もいるかもしれません。牛や山羊の乳に酸や酵素を加えると、豆腐のように固まります。チーズの原料にもなります。当時は、菌を入れるというよりも、かき回しているうちに凝乳ができると考えられていたようです。

続いて「鼻をねじると血が出る」。これは、ある意味で当たり前で、それは血が出るだろうな、と笑ってしまう内容です。そして最後に、「怒りをかき回すと争いが起こる」。なるほどと思い当たります。つまり、これら三つのフレーズは、「当然の行為に対して当然の結果が生じる」ことを言っているのです。そのように当然のことをして、自ら災いを招いていることはありませんか？　そんな愚かさは、気づいてやめましょう、というわけです。

以前、病院で働いていた時に、相談されました。私は医者ではありませんでしたが、こっそりと聞かれるのです。これ以上、肝臓に負担をかけないため、お酒はやめなさいと言われている…。なんとかお酒をやめずに肝臓を治す方法はないか、と。体に悪いとわかっていても、たばこやお酒がやめられない人は多いものです。しかし、「鼻をねじると血が出る」、当然そうなると予測されることを行った結末を変えることはできません。

またそれは、人間関係でも同じでしょう。人間関係を良きに保とうとしたら、やはりそのようにお互いに努力することです。怒りをかき回すようなことはしないことでしょう。イエスは、互いに愛し合いなさいと教えられました。人が、最も大事にすべきことは、互いに思いやり、忍び、支え合い、協力し、助け合うこと、愛し合うことである、と。

やはり、教会のみならず、家庭も、職場も居心地のよい平和な場所にしたいと思うのなら、物事の結末をよく理解し、良い方向に向かって互いに協力する必要があります。へりくだって、互いを大切にし、愛し合う歩みをしてまいりましょう。

■主に拠り頼む人は豊かにされる

「欲の深い人は争いを引き起こす。しかし、主に拠り頼む人は豊かにされる」（箴言28章25節）

欲深《よくぶか》を戒めることわざは、日本にもたくさんあります。例えば「欲の熊鷹股裂《くまたかまたさ》くる」と言われます。一羽の大きな熊鷹が、二頭の猪を左右の足でそれぞれ捕まえたところ、その二頭の猪が左右に逃げようとし、熊鷹はこれを逃さないように頑張ったため、股が裂けてしまったのです。そこでこの寓話《ぐうわ》から「欲の熊鷹股裂くる」という戒め的なことわざが出てきました。強欲は身を滅ぼす。つまり、過剰な欲望を慎み、現状に感謝する「足るを知る」心が大切です。

ただ、欲のない人などいないものでしょう。欲を捨て去ることも、なかなか難しいものです。どこまでが強欲と言うべきなのか、聖書は、一つのサインを教えます。つまり欲に度が過ぎれば争いが起こると。争いは、一つの警告なのです。

ところで、欲深になって失敗をした経験のある人は、もうそのような物欲から解放された人生を歩んでみたい、こんな欲深な自分にはうんざりだ、と思っていることもあるのではないでしょうか。

新約聖書には、ザアカイという取税人のエピソードが出てきます。彼もまた欲深な人生を生きて失敗したと感じていた人でした。彼は強欲に生きて大変なお金持ちになりました。しかし、それによって本当に心を分かち合う友を失いました。お金があれば人はついてくる、しかし、お金がある限り！という現実に寂しさを感じていた人でした。華やかな人生の裏側で、彼は惨めで孤独な人生を生きていたのです。

ところがある日、そのザアカイは、イエスと出会い「あなたに本当に必要なのはお金ではない、友である」と示されるのです。そして、彼はそう語られるイエスが真実な友となってくれたことで変えられていくのです。

欲を捨て去ろうと修行僧のように頑張らず、私たちの心の友となってくださる神であるイエスがおられることを知ることはとても大切なことです。豊かな人生の秘訣は、目に見えるものではなく、目に見えない神の愛と誠実さに目を開かれることにあるのです。

■誠実な人たちは幸せを受け継ぐ

「直《す》ぐな人を悪い道に迷わす者は、自分の掘った穴に陥る。しかし、誠実な人たちは幸せを受け継ぐ」（箴言 28章10節）

年を重ねれば重ねるほどに見えてくるのが、自分の粗《あら》、欠点です。不思議なものです。もっと早く気づいていればよかったものの、こんなに年をとってしまってから気づいても遅いではないか、と思うことがあるものです。人生は本当に思慮深く歩みたいものです。

しかし、私の友人が言いました。いやいや、人生百年時代、気づいて直したいと思った時に素直に直していけばいいじゃない。まだまだこれから三十年、四十年は生きるのでしょうと。なるほどです。命ある限り、日々変わり続ける努力をする、これは人間に与えられた祝福です。人生思い立ったら新しく仕切り直していけばよいのです。

箴言の著者は、誠実に歩む人は幸せを受け継ぐと語ります。思い立ったら、心を入れ替えて、誠実に人生を歩むのです。そして気をつけなければならないのは、物事が順調に進んでいく時です。誠実さを顧みなくなるような高嶺に登ったときでしょう。

人は、人生のどこかで何かにおいて優位な立場に立つことがあるものです。何かの権限や権力を手に入れて、ある意味で、物事を自分の思いどおりに進めることができる、そんな立場に立つこともあるものです。そんな時に、人は人に悪い影響を及ぼしたり、あるいは、人を誘惑に陥れて道を踏み外させたりしてしまうことがあるのです。ただのあくどい人間になってしまうことがあるのです。けれども、そのような人は、「自分の掘った穴に陥る」、注意せよ、必ずその跳ね返りを受ける、悪い行いの報いを受けると言われています。

海に嵐が巻き起こると、海の水は黒ずみ、荒れに荒れます。しかし、嵐が通り過ぎると、元の美しい青い海に戻っていくものです。それと同じように、この世の社会も物事が回復していくようにできています。物事が正しい方向に動いていくのです。それはそのように物事を動かしておられる神がおられるからです。ですから、誠実に歩むことが一番です。どんなに人の優位に立つことがあっても、謙虚に、誠実に歩む。そして人を尊び、その人が幸せになることを願い丁寧に接する、そのような人は幸せを得る、と言います。

■成就するためであった

「心の貧しい者は幸いです。天の御国《みくに》はその人たちのものだからです」(マタイの福音書 5章3節)

新約聖書のマタイの福音書 5章から7章までは、一般に山上の説教と呼ばれています。この説教が語られた舞台は、イスラエル国にあるガリラヤ湖の西岸、エ・タフガだとされています。聖地旅行では必ず訪れるスポットですから、実際にそこへ行ったことがある人も多いでしょう。そこに建立された「山上の垂訓《すいくん》教会」から見下ろすガリラヤ湖は、実に素晴らしい眺めで、その近くに、イエスがこの説教を語ったのは、ここだとされている場所もあります。

ただここに収録されたイエスの説教は、実際に、その場所ですべて語られたものではなく、さまざまな機会にイエスが語ったものを、一つにまとめたものだと考えられています。そして5章の最初の部分1~11節は、「幸いです」と繰り返されることばから「八福の教え」とも呼ばれています。

古い文語訳の聖書では、「さいわいなるかな」と感嘆調の訳になっていて、実は、そのほうがイエスの意図をよく翻訳しているとも言われます。つまりイエスは、幸いになる方法や秘訣を語っているわけではなく、幸いな事実を指摘しているからです。

たとえば、「心の貧しい者は幸いです」と語られます。詳訳《しょうやく》聖書と呼ばれる聖書があります。それは、聖書が書かれた原語、ギリシア語のさまざまなニュアンスがわかるように、複数の訳語を付け足している聖書です。それによると「心の貧しい者」は、「霊において貧しい者」「自分をつまらない者と評価する謙遜な人」という訳語も付け加えられています。

つまり、神以外に助けを求められない、自分が本当に哀れに見えるようなことがあっても、卑屈にならないことだ。むしろあなたは幸いなのだ。なぜなら神の支配と助けは、あなたに確実に及んでいるからだ、ということでしょう！

イエスは、そのようにさまざまな意味で無力感、孤独感、また無能感に陥っている人々に、神の存在の確かさ、そして神の誠実さや、私たちを助けようとする神の熱心さを語るのです。神を信じるその心が裏切られることは決してありません。神を信じましょう。

福井　誠（ふくい・まこと）

1961年、秋田県生まれ。大学病院で作業療法士として働いた後、26歳で牧師の道に転向。現在、東京都世田谷区の二子玉川にある玉川キリスト教会牧師。牧会学博士。ラジオ番組「世の光」メッセンジャー。聖書に語られる神の愛の深さ、広さ、高さを知っていただくために「パスターまことの聖書通読一日一生」というYouTubeチャンネルの制作にも挑戦中。

水谷 潔メッセージ

イエス様を信じる者は、まさに、死んでも生きるのです。死に勝利するいのち、死を超えて続く永遠のいのちが与えられるのです。

■遺骨も遺体もない死者

十九世紀末のこと、インドで歴史的な発見がありました。一人のイギリス人が、仏教の創始者であるお釈迦《しゃか》様の遺骨を発見したのです。やがて、その遺骨は、仏教国であるタイの王様に寄贈され、さらに日本にも分骨されました。名古屋市にある覚王山日泰寺は、その遺骨を安置するために建てられた日本でも唯一の宗派を超えて運営されているお寺だそうです。

古来、お釈迦様の遺骨は「佛舎利《ぶっしゃり》」と呼ばれ、信仰の対象とされてきました。それに対して、イエス・キリストの遺骨はありません。なぜでしょうか？

イエス様が十字架で死なれて三日目のことです。新約聖書のマタイの福音書28章によれば、二人の女性が、イエス様が葬られたお墓を訪ねます。すると、大きな地震が起こり、神様からの使いが、天から降りて来て女性たちにこう言います。「十字架につけられたイエスを捜しているのは分かっています。ここにはおられません。前から言っておられたとおり、よみがえられたのです。さあ、納められていた場所を見なさい」（5、6節）

イエス様はよみがえられたのです。生きている人を墓の中に探しても、それは無駄です。実際に、遺体が納められていた場所は空《から》でした。その後、よみがえられたイエス様は、およそ四十日にわたり、何度か、人々の前に姿を現され、やがて天に昇ってゆかれました。ですから、地球上には、イエス様の遺体も遺骨も存在しません。その意味で、イエス様は遺体も遺骨もない死者となったと言えるでしょう。

そのイエス様は天に昇られる際に、こう約束されました。

「見よ。わたしは世の終わりまで、いつもあなたがたとともにいます」（20節）

イエス様はよみがえられ、天に昇られました。同時に、イエス様は、目には見えなくても、信じる者といつも共にいてくださいます。キリスト教会は毎年の春に、このイエス様のよみがえりをお祝いします。それがイースターです。

マタイの福音書 28章6節は言います。

「ここにはおられません。前から言っておられたとおり、よみがえられたのです」

墓を空っぽにされたイエス様は、今も生きて働いておられます。そして、信じる者と共に歩んでくださいます。あなたも、よみがえられたイエス様を信じ受け入れて、この方と共に歩みませんか。

■史上最多連勝記録のストップ

プロ野球―二八、大相撲―六九、女子レスリング―一八九、これら三つの数字は、何を意味するかお分かりになるでしょうか。これらは、スポーツの各競技での個人連勝記録です。それぞれの記録を達成したのは、東北楽天ゴールデンイーグルスの田中将大投手、昭和の名横綱・双葉山関、そして、二〇一六年に国民栄誉賞に輝いた伊調馨選手です。

スポーツではありませんが、人類の歴史には、はるかに勝る連勝記録を誇った最強王者がいました。その連勝数たるや、何万連勝、何億連勝、いいえ、何兆連勝に達していたことでしょう。全人類に戦いを挑み続け、連戦連勝をしてきた絶対王者がいました。

その王者の名前は「死」です。死は、すべての人に勝利してきました。人類最強と言われた英雄や戦士も、不老不死を願った皇帝や王様をも、死はいとも簡単に飲みつくしてきました。まさに連戦連勝、圧勝でした。

しかし、その連勝記録が途絶える日がやってきました。それがイースターです。イエス・キリストは私たちの罪を代わりに担い十字架に架かり、死んでくださいました。それによって、神を離れて歩んできた私たちに、罪の赦《ゆる》しが与えられました。イエス様はさらに、その三日目に死からよみがえり、信じる者に永遠のいのちを与えられたのです。イエス様をよみがえらせた神様は、信じる者に、よみがえりのいのち、肉体の死を乗り越えて、その向こう側まで生きるいのちを与えられたのです。

イースターとは、死という絶対王者の連勝記録が途絶えた日です。その不敗神話が崩壊した日です。イエス様が絶対王者に初黒星をつけた日です。勝者であるイエス様を信じる者が、続々と死に対しての勝利者となり始めた日なのです。

私たちは、誰一人、死に打ち勝つことはできません。しかしイエス様は、死に対する勝利宣言をしてくださいました。

新約聖書のヨハネの福音書11章25節をお読みします。

「イエスは彼女に言われた。『わたしはよみがえりです。いのちです。わたしを信じる者は死んでも生きるのです』」

このことばどおり、イエス様は死んでよみがえられました。そして、イエス様を信じる者は、まさに、死んでも生きるのです。死に勝利するいのち、死を超えて続く永遠のいのちが与えられるのです。

■本当にあった、お墓のお墓

「お墓のお墓」があるのをご存知でしょうか。愛知県豊田市のあるお寺には、実際に「お墓のお墓」があり、二万を超える数の墓石が、山の中に並べられています。そこでは、不要となった墓石を引き取り、毎月供養しているそうです。

近年は、先祖代々からのお墓でも、管理する家族がおらず、墓終《はかじま》いをするケースが増えているとのことで、墓石が墓地やお寺から撤去され、運ばれて来るのだそうです。その役割を終えると、ある意味、お墓も命尽きて、死んだことになるのでしょう。

私がこのことを知って思い起こすのは、聖書が記すイエス・キリストのよみがえりです。聖書によれば、イエス様は十字架につけられ、死なれ、墓に葬られました。しかし、三日目によみがえり、その墓は、空《から》っぽになりました。このことは、お墓の命がたったの三日で終わったことを意味すると言えるでしょう。

実は、イエス様が死んだ後、墓からよみがえられたことは、イエス様が死に打ち勝たれたことを意味します。言い換えれば、イエス様は、死の力を奪ったのです。死を命なきものとされたのです。死を死に至らしめたのです。

そして、この時から死に勝利するのはイエス様だけではなくなりました。聖書によれば、イエス様を信じる者も、永遠のいのちをいただいて、死に勝利するようになったのです。イエス様と同じように、死んだ後、よみがえり、イエス様と共に永遠を生きるのです。

そのことを、キリスト教の伝道者パウロは、こう語っています。

新約聖書のコリント人への手紙第一 15章55節をお読みします。

「死よ、おまえの勝利はどこにあるのか。死よ、おまえのとげはどこにあるのか」

イエス様とイエス様を信じる者たちのよみがえりによって、もはや死には勝利がないこと、私たちを突き刺すとげもないことを、聖書は宣言しています。

イエス様を信じるなら、その人は死に勝利できるのです。イエス様を信じる者にとって、肉体の死は終わりではなく、通過点となります。死は敗北ではなく、勝利の第一歩となります。遺骨を納める墓も、もはや終着点ではありません。永遠へのスタート地点なのです。

ぜひ、教会に行って、イエス様と出会い、死に勝利して、平安と喜びと希望に満ちた人生を送られることをお勧めします。

■死の意味のどんでん返し

イエス・キリストは十字架で死なれ葬られますが、三日目に死からよみがえり、死の力を打ち破られました。それによって、イエス様を信じる者に、肉体の死の向こう側にまで生きる永遠のいのちが与えられました。

では、永遠のいのちをいただいた者は、最終的には、どうなるのでしょう。新約聖書のヨハネの黙示録21章4節は、こう記しています。

「神は彼らの目から涙をことごとくぬぐい取ってくださる。もはや死はなく、悲しみも、叫び声も、苦しみもない。以前のものが過ぎ去ったからである」

イエス様を信じるなら、最終ゴールは神様と共に歩む死も悲しみも苦しみもない、愛と喜びと平安に満ちた永遠の世界です。永遠を生きるのですから、肉体の死は終わりではなく通過点となります。むしろ、永遠の始まりとなります。より良いところに行くのですから、死は、もはや絶望ではなく、希望へと転じます。死によって手放すものがあっても、それよりはるかに勝る豊かさが約束されています。そのようにイエス様を信じる者にとっての死の意味は、どんでん返しとなるのです。

以前、私が集っていた教会で一人のクリスチャン女性が余命数か月との宣告を受けました。その方は死を前にして、病床から教会の牧師に手紙を書きます。その手紙を読んだ牧師は、礼拝説教の中で、本人の承諾を得て手紙の一部を紹介して、永遠のいのちの希望を語りました。その文面を、私なりの記憶ですが、再現してみます。

「先生、病床で死を前にして、自分の葬儀のことをあれこれ考えています。賛美の選曲はどうしよう。お花はどんなのが素敵かしら。どうしたら、残された人によい信仰の証《あか》しができるかしら。そう考えていたら、もう楽しくて楽しくて仕方ありません。死んだらイエス様のところへ行くのだと思うと、なおさら嬉しくなり、眠れなくなってしまいました。ちょうど、子どもの頃、遠足に行く前日の嬉しくて眠れなかった時のようです。死を目前にして、こんなに嬉しいなんて変なのですが、本当なのです」

聖書は言います。「もはや死はなく、悲しみも、叫び声も、苦しみもない。以前のものが過ぎ去ったからである」

イエス様は、死んで三日目によみがえり、信じる者に永遠のいのちを与え、死の意味を大逆転してくださいました。あなたもイエス様を信じて、死の意味を大逆転してもらいませんか。

水谷潔（みずたに・きよし）

1961年、愛知県に生まれる。名古屋大学卒業後、公立高校で英語教師として勤務した後、牧師を志す。日本福音キリスト教会連合春日井聖書教会協力牧師。一児の父。

大嶋重徳メッセージ

しかしイエス様の前には正しさよりも愛があふれています。自分の罪深さに涙する私たちを受け入れてくださる優しさがあるのです。

■安心していきなさい(1)

シモンという名前のパリサイ人《びと》がイエス様を食事に招きました（ルカの福音書 7章36～50節）。パリサイ人とは、聖書の示すとおりに生きようとしない人たちを「罪深い」と考え、距離を置こうとする人たちでした。シモンはイエス様の語る神様のことばや、その生き様に興味を持ったのでしょうか。イエス様と話してみたい、一緒に食事をしてみたいと思ったのでしょう。

その食事の場所に、その町で「罪深い女」と陰で言われていた女性が入ってきます。彼女も町のどこかでイエス様の話を聞いたのでしょう。誰からも差別されている病人にイエス様が手を置いて祈られたこと。誰からも嫌われ罪人呼ばわりされている人をイエス様は受け入れ、食事を共にされたこと。そんな話を聞いたとき、自分もイエス様に会いたいと思ったのです。

しかし本来ならば、自分を「罪深い」と蔑んだ目で見てくるパリサイ人の家など絶対に入りたくはない。シモンも自分を歓迎してくれるはずもない。しかしこんなチャンスはないと思ったのです。彼女がシモンの家に入り、部屋の入口に立ったとき、イエス様と目が合ったのでしょう。するとイエス様が「いいよ」という顔をしてくださったのです。そうでなければ、食事の上座にいるイエス様のそばに近づくことなどできなかったでしょう。「思ったとおりの人だった」。彼女は泣きながら、一直線にイエス様に向かっていきました。

自分の人生の罪深さに悲しむことは、人間の尊厳に関わることです。人は本来誰もが自分の罪深さに涙しなければなりません。自分の人生をどん底から見つめるならば、本当は泣くしかないような弱さを誰もが抱えています。しかしどこにも泣ける場所などない。どこにも泣いてよい場所などない。自分が泣いてしまったら、家族は一体どうなるのか、仕事は果たしてどうなるだろうか。一人でお酒を飲みながらそっと泣く。心許せるわずかな友だちの前でそっと泣く。しかしその涙が自分の罪深さを解決できるわけではない。

しかしこのとき、彼女はキリストの前で泣きました。イエス様はただ涙にくれる彼女に、「あなたの罪は赦《ゆる》されています」と言ってくださったのです。「赦せる権威のある」神様の前で泣く涙でした。

私たちが自分の罪に悲しみ、いくら飲んでも、いくら叫んでも、いくら怒鳴り散らしても決して晴れることのなかった存在の悲しさを吹き飛ばしてくれる安心が、イエス様のもとにはあります。教会とは誰の目も気にせずに、安心して泣ける場所です。教会に泣きにきていただきたいと思います。

■安心していきなさい⑵

シモンの家に「罪深い女」が入ってきたとき、シモンは戸惑ったでしょう。シモンが彼女を止めなかったのは、その食卓の主賓であるイエス様が彼女を受け入れたからです。彼女はイエス様の足もとに座り、流れ落ちる涙でイエス様の足をぬらし、自分の編んでいる髪を解いて、髪の毛で、ぬれたイエス様の足を拭いました。さらに足に口づけをし、持ってきた高価な香油を塗りました。イエス様はそんな彼女の行為に対して「あなたの信仰が、あなたを救ったのです」と言われました。彼女の行為に信仰を見て、「ここに信仰はある」と言われたのです。

しかしこれらの行為を、シモンは見ていられませんでした。「イエスはこの女がどれほど罪深い女か知っておられるはずだ。イエスは彼女に何をさせているのか」。シモンは彼女に嫌悪感を抱き、彼女のしたいようにさせているイエス様をさばいていたのです。

するとイエス様はシモンの心を見抜き、こんな話をされました。金貸しからお金を借りている二人の人の話です。二人の借金は、今のお金でいえば、それぞれおよそ五百万円と五十万円。二人ともお金を返せなくなっている。すると金貸しが二人の借金を帳消しにしてくれたのです。そしてイエス様はシモンに「どちらがより多く金貸しを愛するだろうか」とお聞きになりました。シモンは「多く赦してもらったほうでしょう」と答えました。

するとイエス様はシモンに言われました。「わたしがこの家に入って来たとき、あなたは足を洗う水をくれなかったではないか。口づけと香油で迎えることもせずに、私を迎えた。しかし彼女は涙で私の足をぬらし、髪の毛で拭ってくれた。香油で私をきれいにしてくれた」。イエス様はシモンの愛のなさをズバリ指摘されました。シモンは正しく生きている人でした。しかしイエス様は、正しさよりも、もっと大切なのは愛だと言っておられるのです。正しいけれども、愛がないということが人にはあります。そして多く赦された人にこそ、多く愛する愛が生まれていく。シモン、あなたは自分の罪深さが分かっていないから、愛が足りないのだと、イエス様はおっしゃっているのです。

私たちの生きる世界は、悲しみのために泣く涙を受け入れてくれる場所があまりありません。愛なき正しい世界です。そして人の正しさなど、人と比較して得ている正しさにすぎません。しかしイエス様の前には正しさよりも愛があふれています。自分の罪深さに涙する私たちを受け入れてくださる優しさがあるのです。そして拙いながらも神様を求めるあなたの心に、「あなたの信仰があなたを救った」と、イエス様は言ってくださるのです。

■安心していきなさい(3)

イエス様は、それぞれおよそ五百万円と五十万円を借りた二人のしもべのたとえ話をされました。パリサイ人シモンは、イエス様のたとえ話に出てくる五百万円を借りているしもべは「罪深い女」のことだと思って話を聴いていたことでしょう。

しかしここでイエス様は、「シモン、あなたこそが五百万円借りている側なのだ」とおっしゃりたいのです。シモン、あなたは自分が赦される必要のある罪人《つみびと》だと分かっていない。だからこそあなたには愛がないのだ。あなたは愛のない罪を犯している。あなたは彼女の涙の意味が分かっていない。彼女がどんな思いをして私のもとへと来たと思うのか。あなたは彼女のように、自分の罪深さに涙するほど自分の罪の深刻さが分かっていないのだ。だから人の罪の悲しみも、自分の罪の悲しみも見えてこないのだ。あなたのほうがもっと罪深いのだと。

そしてイエス様は言われました。「この女の多くの罪は赦されています。というのは、彼女はよけい愛したからです。しかし少ししか赦されない者は、少ししか愛しません」。しかし彼女は自分の罪に気がついている。「自分の愛のなさ」「自分の罪深さ」に気がついている。そして神様の前で多くの赦しを求めたのだ。そして自分の赦された罪の大きさに気がついた彼女は今、喜びの涙を流し始めているのだと言われました。イエス様はシモンにもこの自分の罪に泣く涙を流してほしいと思っておられるのです。

今日、私たちは愛に生きることができているでしょうか。愛の足りない自分に落ち込む私たちです。大切な家族を傷つけたりしてしまいます。しかし今日、そんな私たちにも、愛に生きる手がかりがあるのです。それは神様に多く赦されることです。神様から受ける赦しによって、神様の愛を経験するのです。

私の友人が言いました。「本当に赦された経験をしたことがないと、人を赦すことはできないものだなあ」と。確かにそうです。愛の足りない私たちにとって、人を愛せるようになるために必要なことは、自分の罪深さを認め、イエス様の愛に赦される経験を重ねることです。

するとイエス様はどこまでも赦してくださる。私たちの愛のなさがどれだけ大きく積もり積もっていたとしても、イエス様の赦しの愛の大きさを経験すればするほど、自分が愛された愛で人を愛せるようになるのです。イエス様に愛された愛を誰かにも与えることができるようになるのです。その意味ではもっともっと自分の罪深さを知ることこそが、愛せる人になっていく手がかりなのです。

■安心していきなさい(4)

イエス様は「多く赦された者は、多く愛することができるのだ」とおっしゃいました。私は妻にどれだけ多く赦されてきたことかと思います。あるとき私は、妻の大切なティーポットを割ってしまいました。どれだけ妻に怒られるだろうかと心配しました。しかし妻は「いつかは割れるんだから」と私を赦してくれました。自分だったら自分の大切な何かを壊されたら、こんなふうに赦せないのにと思いました。

子どもたちもそうです。「お父さんのさっきの怒り方は、ひどすぎた。今日は怒りすぎてごめんね」と言うと、子どもたちは「いいよ」と笑顔で赦してくれます。子どもに赦されながら親になっていくということを、子どもたちは教えてくれました。

しかしその子どもたちも、妻だって、いつもいつも赦せるわけではありません。彼らにも赦し難いことはあります。いつでもどんなときでも赦せるわけではない。なぜなら人は誰もが罪人だからです。赦せることにも限界はありますし、赦されたことで図に乗って、人の赦しに甘える人に対して頭にくることもあります。また年を重ねれば、若い頃に赦せたことを赦せなくなっていくということも起こります。誰もが年を重ねると人格者になっていくわけではありません。幾つになっても赦されやすく、赦しやすい人でありたいと思います。しかしながらなかなか変われない自分がいるのも事実です。そんなときに大切なのは、あなたが神様の赦しの愛に逃げ込んでいくことです。神様の愛と赦しには限界がありません。「私が神ならば絶対に私を赦さない」とあなたが思ったとしても、神様の愛は完全で無限です。

大切なことはあなたが自らの罪深さを認め、自分の罪に悲しみ、神様に多く赦されに出ていくことです。そして「多く赦されるなら、多く愛せるようになる」とイエス様は教えてくださいました。そして「神様、愛するとはどういうことですか」と神様に愛を教わり、神様に教えられた愛し方で、愛し始めようとするとき、あなたは少しずつ少しずつ、愛せるように変わっていけるのです。幾つになっても人を赦せるように変えられていくのです。

イエス様は罪深い女性に言われたように、私たちにも「安心していきなさい」とおっしゃいます。このイエス様の愛と赦しには安心があります。今はまだ愛の足りない者だけれども、愛することから程遠い者だけど、必ず変えられると「安心していく」ことができるのです。

大嶋重徳（おおしま・しげのり）

1974年生まれ。京都府福知山市出身。2003年、神戸改革派神学校卒。鳩ヶ谷福音自由教会牧師。ラジオ番組「世の光」メッセンジャー、WEB番組「What The Pastors!!!」メインパーソナリティー。お茶の水クリスチャン・センター副理事長。1男1女の父。

羽鳥頼和メッセージ

私たちに語りかける神は、いのちを与えてくださるお方です。神の言われることを聞いて信じれば、人は生きることができるのです。

■メシア預言と神を求めない民――イザヤ書 9章

イザヤ書は、今から二千八百年ほど前の中近東のことが語られている書物です。

その当時のイスラエルはすでに北王国イスラエルと南王国ユダに分かれてしまっていました。この時代の南北イスラエル王国は、神の教えを守らず、自分勝手な礼拝をするとともに、外国の神々を拝む偶像礼拝も盛んに行っていました。偶像礼拝とは、イスラエルの神がしてはならないと厳しく命じておられたことでした。

その当時は、アッシリアという国が勢力を伸ばし、イスラエルの地域にまで侵略してきていました。今日お話しするイザヤ書 9章で語られているのは、北王国に攻撃をしてきたアッシリアが、北王国の都であるサマリアまでやってきた頃のことです。

アッシリアの侵略攻撃に苦しんでいる人々に、神は言われました。

「闇の中を歩んでいた民は大きな光を見る。死の陰の地に住んでいた者たちの上に光が輝く」

(イザヤ書 9章2節)

そして、北王国のガリラヤ地方ですばらしいことが起こることを告げられたのです。

ひとりの男の子が生まれ、その子は「平和の君」と呼ばれ、その王国を治め、さばきと正義によって国を建て上げるというのです。このことばは、神が遣わされる救い主メシアについての預言です。

神は、罪を犯し続けるイスラエルをアッシリアによって懲らしめておられました。それは、イスラエルを滅ぼすためではなく、イスラエルが、自分の罪を知り、神に立ち返るようになるためだったのです。

そして、神が語られた救い主の預言は、神が語られてからおよそ七百年後、イエス・キリストによって完全に成就しました。イエスは、イザヤ書 9章で預言されていたとおりにガリラヤ地方で宣教活動をされました。イエス・キリストこそ輝く光であり、世界を治める平和の王なのです。

イザヤ書は、私たちにも神の救いの福音を語っているのです。

■悲しみの人イエス・キリスト――イザヤ書53章

旧約聖書イザヤ書の53章からお話しします。

まず、イザヤ書が書かれた時代がどのような時代だったかについてお話しします。

古代イスラエル王国が南北に分裂し、北のイスラエル王国は、アッシリアという国に滅ぼされてしまいます。

そのアッシリアは、南のユダ王国にも侵略してきました。そのとき、ユダ王国は、何とか滅びずに済みましたが、その後、バビロニアという国がユダ王国を滅ぼし、人々をバビロンに連れて行ってしまうのです（イザヤ書が書かれたときは、まだこのバビロン捕囚は起きていませんでした。しかし、神はバビロニアによってユダ王国が滅ぼされることを預言しておられました）。

そのような時代にイザヤ書は書かれました。

この王国の滅亡は、ユダ王国に対する神によるさばきでした。

イザヤ書では、神の厳しいさばきの宣告が語られるとともに、すばらしい神の救いのご計画が預言されています。

実際には、ユダの人々は、ペルシアという国のキュロスという王によって、解放され、帰国し、神殿を再建することができるのです。

イザヤ書 53章は、そのことを預言するとともに、イエス・キリストによる救いを語っています。

イザヤ書は、キリストの福音を語っています。キリストの福音とは、神が、救い主キリストを遣わして、人を救い、幸せな人生を送らせてくださるという約束です。

イザヤ書の53章には、人を救うために神が遣わされる救い主キリストが、人々が期待する英雄の姿とは全く違い、「悲しみの人で」「人のために苦しみを受ける」と語られています。

人々はそのことを理解できず、その方が苦しむのを見て、「この人は、神に罰せられ、苦しめられた」と思うのですが、本当は、その方は、すべての人々の身代わりとなって苦しみを受けて、自分のいのちをささげることによって人々を救うと預言されているのです。

53章12節をお読みします。「彼が自分のいのちを死に明け渡し、背いた者たちとともに数えられたからである。彼は多くの人の罪を負い、背いた者たちのために、とりなしをする」

この預言は、イエス・キリストが十字架につけられて死んでくださったことによる救いを語っているのです。

■神の永遠の真実の愛――イザヤ書 54章

旧約聖書イザヤ書の54章からお話しします。

古代イスラエル王国は南北に分裂し、北のイスラエル王国はアッシリアという国に滅ぼされ、北王国の人々の多くはアッシリアによって捕囚されていきました。イザヤ書が書かれたのは、そのアッシリアが南のユダ王国にも侵略してきていた時代でした。

ユダ王国は、イザヤが預言していた時代には滅びずに済みましたが、後にバビロニアという国に滅ぼされてしまいます。イザヤ書 39章には、そのことが預言されています（バビロンとは、世界史では新バビロニア帝国と呼ばれている国の首都で、その名で帝国自体を現すこともあります）。

このようなユダ王国に起こるわざわいは、ユダ王国に対する神によるさばきでした。

このさばきの目的は、ユダの国と人々を滅ぼすことではなく、人々に自分の罪を認めさせ、神に立ち返らせることでした。神は、人を救おうとされているのです。

イザヤ書では、神のさばきの宣告が語られるとともに、すばらしい神の救いのご計画が預言されています。

イザヤ書 54章で語られているのは、神の永遠の真実の愛です。

ここでは、神と人との関係が、夫婦に例えて語られています。神を信頼せず、異教の神々を慕っている人々のことを、「浮気」をして夫に捨てられた妻に例えています。そして神のことは、真実の愛をもってそんな夫婦の関係を回復しようとする夫に例えられています。

夫である神はユダの人々にこのように語りかけておられます。「怒りがあふれて、少しの間、わたしは、顔をあなたから隠したが、永遠の真実の愛をもって、あなたをあわれむ」（54章8節）

「真実の愛」とは、結婚のときの誓約を守り続けることを意味しています。結婚のときの誓約とは、健やかなるときも、病めるときも、富めるときも、貧しきときも、相手を愛することを約束することです。神は人に対して永遠の愛を誓ってくださったのです。人は神を裏切っているのに、神は、ご自分の誓った約束を守り続けておられるのです。そして、神と人との関係を回復するために、キリストが身代わりとなって十字架で死んでくださったのです。

キリストの十字架に、神の真実の愛が表されているのです。

神は、イエス・キリストの十字架によって私たちとの関係を回復してくださったのです。

■わたしはあなたがたと永遠の契約を結ぶ――イザヤ書55章

旧約聖書イザヤ書の55章からお話しします。

古代イスラエル王国が南北に分裂し、北のイスラエル王国はアッシリアという国に滅ぼされてしまいます。そのアッシリアは、南のユダ王国にも侵略してきました。そのとき、ユダ王国は何とか滅びずに済みましたが、その後もアッシリアなどの外国からの侵略に脅かされていました。

そのような時代にイザヤ書は書かれたのです。

この王国の滅亡の危機は、ユダ王国に対する神によるさばきでした。この神のさばきの目的は、人々に自分の罪を認めさせ、神に立ち返らせることでした。神は、人を救おうとされているのです。

イザヤ書では、神の厳しいさばきの宣告が語られるとともに、すばらしい神の救いのご計画が預言されています。その救いの計画とは、神がキュロスという王を遣わしてユダの人々を解放し、人々がユダに帰国して、神殿を再建することができるようにしてくださるというものでした。この救いの預言は、その後そのとおりに成就しました。

イザヤ書で預言されている救いの計画は、ユダの回復だけではありません。イザヤ書の55章で神は、「聞け。そうすれば生きる」と語りかけておられます。この神のことばは、ユダの人々だけでなく、私たちにも語りかけられています。罪を犯し続ける人に、神は自分の言うことを聞くように語り続けておられるのです。私たちに語りかける神は、いのちを与えてくださるお方です。神の言われることを聞いて信じれば、人は生きることができるのです。

55章で神は、このように言われています。

「聞け。そうすれば、あなたがたは生きる。わたしはあなたがたと永遠の契約を結ぶ」（55章3節）

イエスは、弟子たちとの最後の食事のとき、ご自分が十字架について死なれることについてこう言われました。

「この杯は、あなたがたのために流される、わたしの血による、新しい契約です」（ルカの福音書22章20節）

イザヤ書の55章で約束されている永遠の契約が、イエス・キリストの十字架によって立てられた新しい契約なのです。神は、イエス・キリストが十字架で死に、そして復活してくださったことによって、永遠の契約を結んでくださいました。

そして今も、「永遠の契約を結ぼう」と私たちに語りかけ続けてくださっているのです。

羽鳥頼和（はとり・よりかず）

1961年、東京生まれの名古屋育ち。聖書宣教会聖書神学舎卒業。日本福音キリスト教会連合自由ケ丘キリスト教会牧師。ラジオ番組「世の光」メッセンジャー。東海福音放送協力会理事。1女1男の父。

山本陽一郎メッセージ

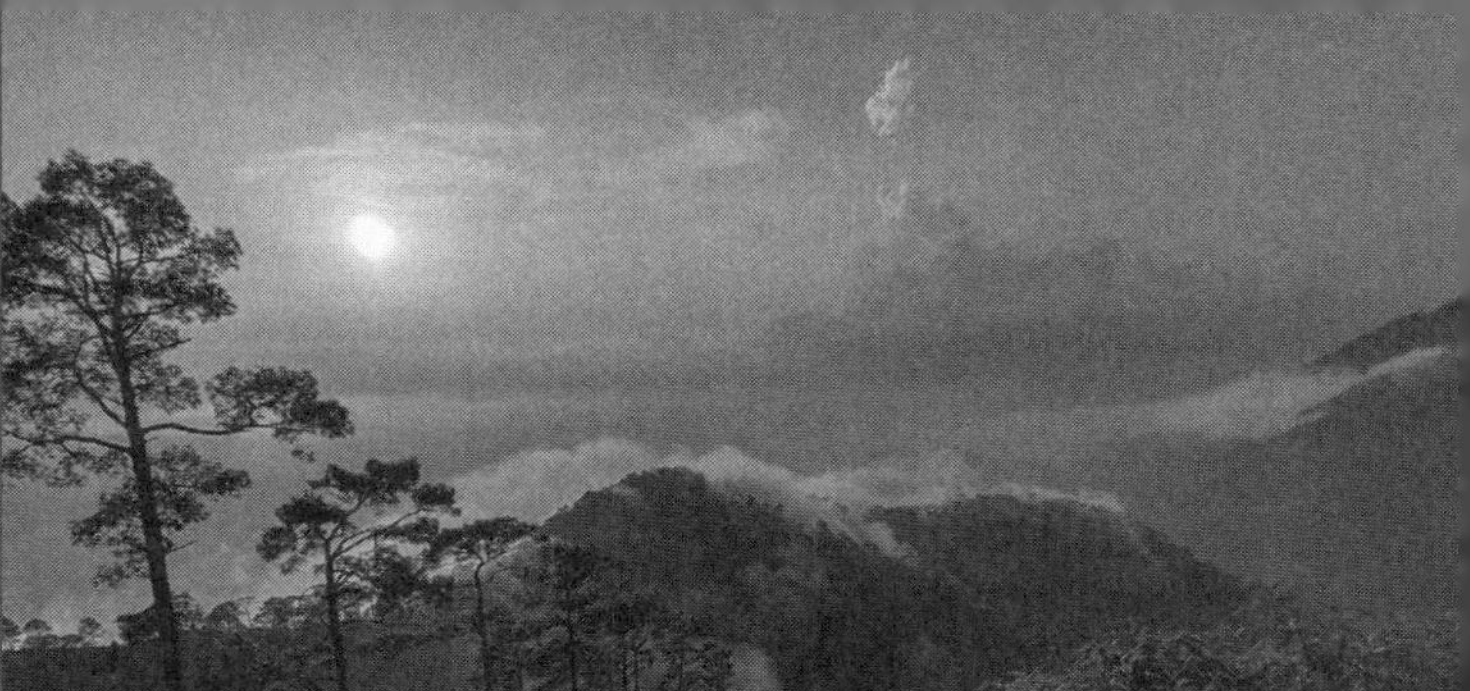

私たちは、自分だけでは本当の出発ができません。自分自身を新しくする力は私たちにないからです。しかし、神にはそれができます。

■一人ひとりに手を置いて

若い頃に働いていた教会には付属の幼稚園がありました。当時お世話になった園長先生の日課は、朝、幼稚園の入口に立って、登園してくる子どもたちとハイタッチをすることでした。一人ひとりと笑顔でハイタッチ！　たったそれだけなのですが、園児たちも先生も本当によい表情をしていました。先生が私に向けて笑いかけてくれた。そして自分という存在に触れてくれた。子どもたちにとって毎朝のハイタッチは大切な体験だったのだと思います。

幼い子どもだけでなく、私たち大人も、自分という存在を誰かが受け止めてくれると心が安らぐという点はみんな同じではないでしょうか。

イエス・キリストというお方は、毎日本当に大勢の人々と関わりました。その中には、病気で弱っている人、さまざまな理由で苦しんでいる人も多く、それぞれイエス様に癒やしてもらうために連れてこられたのです。

では、イエス様はどんな方法で彼らを癒やしたのでしょうか。新約聖書のルカの福音書　4章40節にはこう書かれています。

「日が沈むと、様々な病で弱っている者をかかえている人たちがみな、病人たちをみもとに連れて来た。イエスは一人ひとりに手を置いて癒やされた」

たしかに大勢の人がやって来ました。イエス様は彼らをまとめて扱わない。AさんとBさんを比較しない。誰か一人だけを特別視することもない。ご自分の手を一人ひとりに置いて、大切に扱われたのです。そうやって体も心も霊的にも癒やしてくださったのでした。

このイエス様の一人ひとりを大切にする姿は、私たちに、人との関わり方について考えさせてくれます。私がそうしてほしいように、私が関わる人々にも、それぞれの良さがあり、背景があり、また受け止めてほしい願いがあるのです。

また、私たち自身もイエス様のもとへ行くべき者なのだということを見つめる必要があるのではないでしょうか。というのは、私たちは抱えている課題や問題を、自分の力に頼って処理しようと考えやすいからです。小さなことだから、神に頼らなくても自分でやれると思うことが、実は落とし穴だったりするのです。

あなたは今、傷ついていませんか。悲しみや憎しみを抱えてはいませんか。失ったもの、繰り返してしまう罪、今後への不安はありませんか。

イエス様のところへ持っていきましょう。そして、私たちも癒やしていただきましょう。

■でも、おことばですので

パレスチナにゲネサレ湖、別名でガリラヤ湖という湖があります。今から約二千年前、その湖畔で多くの人がイエス・キリストの語ることばに耳を傾けていました。おや？　それ以外の人もいるようです。網を洗っている漁師、シモン・ペテロと仲間たちです。彼らはこの湖を熟知していましたが、この時は夜通し働いても全く魚が獲れなかったので、だいぶ疲れていました。

ところが、イエス・キリストはシモンに言われます。

「深みに漕ぎ出し、網を下ろして魚を捕りなさい」（ルカの福音書 5章4節）

もし私が漁師でシモンの立場だったら、少しイラッとしてしまうかもしれません。今日は全然ダメという結果がすでに出ている状況で、素人がプロに向かって指示を出しているわけですから。

しかし、聖書にはこう書かれています。

「すると、シモンが答えた。『先生。私たちは夜通し働きましたが、何一つ捕れませんでした。でも、おことばですので、網を下ろしてみましょう。』そして、そのとおりにすると、おびただしい数の魚が入り、網が破れそうになった」（5、6節）

ああ、これが祝福の原則なんだな、と教えられます。それは、神のことばにシンプルに従っていくことです。

私たちにはそれぞれ、自分の考えや経験、知識がありますね。いろんな苦労や、つらかった気持ちもあります。だから、岸から離れようとしない。なかなかシンプルに従えないのです。けれどもイエス様は、そういう私たちのことをちゃんとご存知です。その上で、わたしのことばに信頼してやってみなさい、深みに漕ぎ出して網を下ろしてみなさいと、招いてくださるのです。

優先するのは自分の方法か。それとも、神様の方法か。「無理。やりません」と答えるか。それとも、「でも、おことばですから」とやってみるか。これは人生を大きく変える違いです。

今日、神様があなたの現実の中で問いかけていることは何だと思いますか？　それは、あなたが諦めかけていることや、やっても無理だと思うことかもしれません。しかし、そこに神様からのことばがあるなら、シモン・ペテロのようにシンプルに従ってみましょう。「でも、おことばですので」と、神の祝福の「深み」へ漕ぎ出しましょう。

■新しい出発

口に筆をくわえて多くの素晴らしい詩や絵を描き続けた星野富弘さんが、二〇二四年四月、天に召されました。富弘さんは運動が大好きで体育教師になりましたが、二十代の時に事故により首から下の自由をすべて失ってしまいました。しかし、その深い絶望の淵にあって、富弘さんはイエス・キリストを信じました。後にこのように述べています。

「私は聖書のほんの一部しか、それもほんの上っ面しか分かってはいなかったが、キリストの『わたしのところへ来なさい』という言葉に、素直についていきたいと思った。私の今の苦しみは、洗礼を受けたからといって少なくなるものではないと思うけれど、人を羨んだり、憎んだり、許せなかったり、そういう醜い自分を、忍耐強く許してくれる神の前にひざまずきたかった。許されても許されても、聖書のいう罪を犯し続けるかもしれない。苦しいと言ってわめき散らす日もあるかもしれない。でも『父よ彼らをお赦しください。彼らは何をしているのか、自分ではわからないのです』と十字架の上で言った、清らかな人に従って、生きてみようと思った」

富弘さんは、イエス様のもとへ行ったのです。そして、イエス様に触れていただいたのです。

私たちは生きる中で、喜びも悲しみも経験します。時には希望を失ってしまったり、心に受けた傷に苦しんだり、突然大きな嵐の中に投げ込まれたりすることもあります。

聖書の中にも、私たちと同じような生身の人々が大勢出てきます。しかし、イエス様に出会い、イエス様が心に触れてくださるとき、彼らは新しい出発をしていくのです。人は罪から救われ、立ち上がり、神と共に生きる喜びを知っていくのです。

私たちは、自分だけでは本当の出発ができません。自分自身を新しくする力は私たちにないからです。しかし、神にはそれができます。

「わたしの心だ。きよくなれ」（ルカの福音書　5章13節）。私たちの存在を受け入れ、きよめてくださるこのお方の声を、あなたにも聞いていただきたいと願っています。

新しい出発を、あなたの人生にも。

■立ち上がったレビ

先日、トラックの運転手をしている方に出会いました。「いつものようにトラックを走らせていた時、ラジオからこの『世の光』の放送が流れてきたんです。聖書のことばに心が捉えられて、教会に行ってみました。そしてイエス・キリストを信じたんです」とご自身の体験を話してくださいました。とても感動しました。

新約聖書「ルカの福音書」の中にも、仕事中にイエス様に出会った人が出てきます。カペナウムの町の収税所に座っているレビにイエス様が目を留められた、と書かれています（ルカの福音書5章27節）。

当時のユダヤ人社会は、ローマ帝国の支配下にありました。レビは「取税人」といって、ローマへの税金をユダヤ人たちから徴収する仕事をしていました。自分もユダヤ人なのに、外国のために重い税金を同胞から集める。それだけでなく、取税人は本来より多く取り立てて自分のものにしていたので、人々からとても嫌われていました。

イエス様は、そんな取税人のレビに「わたしについて来なさい」と言われたのでした。

レビは、こんな自分に目を留め、招いてくださるイエス様のことばに心が震えたことでしょう。彼がどんな事情で取税人になったのかは分かりません。今まで、この仕事で多くの財産を手にしてきたことでしょう。しかし、彼が本当に欲しかった幸せは、そこでは手にすることができなかったのです。それは本人が一番分かっていたはずです。

そんな中で、イエス様に出会いました。彼は、ここで人生の方向転換をすることに決めたのです。自分の人生の主としてイエス様を受け入れ、従う決意をしたのです。レビは、すべてを捨てて立ち上がり、イエス様の弟子としての人生をスタートしました。

私たちもまた、イエス様から招かれています。イエス様は私たちを見つめ、「わたしについて来なさい」と声をかけてくださいます。それは、私たちの本当の姿を知らないからではありません。イエス様は欠けの多い私たちを、生きたいように生きられない私たちを、悩み傷ついてきた私たちを、全部ご存知で、イエス様の弟子として生きるよう招いていてくださるのです。あなたも、私も、立ち上がることができるのです。

山本陽一郎（やまもと・よういちろう）

1974年東京都生まれ。東京基督教大学、東京基督神学校卒業。日本同盟基督教団多治見中央キリスト教会牧師。「夢見人（ドリーマー）」などの賛美を作曲。ラジオ番組「世の光」メッセンジャー。家族は妻と二女、猫二匹。

ですから、誰でもこのキリストの腕の中で「ありのままの自分」を言い表し、希望を胸に思い切り「泣く」ことができるのです。

■神のおしえの道(1)——あなたの道を終わりまで守ります

「主よ　あなたのおきての道を教えてください。　そうすれば　私はそれを終わりまで守ります。……私にあなたの仰せの道を踏み行《ゆ》かせてください。　私はその道を喜んでいますから。……むなしいものを見ないように　私の目をそらせ　あなたの道に私を生かしてください」（詩篇119篇33、35、37節）

中学生の頃に学んだ詩の一節に、こういうのがありました。「僕の前に道はない。僕の後ろに道は出来る」（高村光太郎『道程』より）。「僕は自分の進む道を切り拓《ひら》くんだ」という決意でしょうか。今も私の心に刻まれています。「道」は、それぞれの人が歩んでいく「人生」、「生き方」そのものです。しかし一歩間違えば、とんでもない方向へ進んでしまう危険と裏腹です。

詩篇の詩人は前節でこう歌います。「私はあなたの仰せの道を走ります。あなたが私の心を広くしてくださるからです」（32節）。ここには、「神様の真実なことば―みことば」に信頼し、「悲しみを乗り越える」詩人の姿があります。そして、偽りの道を捨てて真実の道を選び、神様に心を広くされて「あなたの仰せの道を走ります」（32節a）と、力強く歌う詩人の姿があります。

さらに詩人は、神様の導きを求めて真剣に祈ります。「主よ あなたのおきての道を教えてください。そうすれば 私はそれを終わりまで守ります」(33節)。この「終わりまで守ります」という言葉から、「一度つかんだ手を決して離しません」という詩人の力強い決意が感じられます。そこにはゴールを目指して一心に走る馬のように、天のゴール、すなわち天の神様を目指して喜び走る詩人の姿が映し出されています。

そして詩人は、「私はそれを終わりまで守ります」という力強い決意が果たせるように、こう祈ります。「主よ あなたのおきての道を教えてください」(33節a)。「私にあなたの仰せの道を踏み行《ゆ》かせてください」(35節a)。「あなたの道に私を生かしてください」(37節b)

そうです。この詩人が祈るように、「神様の真実なことば―みことば」に学び、その教えに従って歩むとき、そこから私たちの進むべき「真実の道」がはっきり見えてくるのです。

あなたもこの詩人の歌を心で受け止め、「神様の真実なことば―みことば」に信頼し、その教えの道、真実の道を「終わりまで守り抜く」人生を送りませんか?

あなたの上に神様の祝福が豊かにありますように。

■神のおしえの道⑵——あなたの仰せを喜び、愛します

「私はあなたの仰せを喜びます。それを私は愛します。私は 愛するあなたの仰せを求めて両手を上げ あなたのおきてに思いを潜めます」(詩篇119篇47、48節)

私たちの日常生活の中で、「喜び」はどんな場面で現れるでしょう。詩篇の詩人は、「あなたの仰せ」、すなわち「神様の教え」と「私」を結びつけています。そこに「私の喜び」があるというのです。詩人の「喜びます」「愛します」という表現の中には、神様への信頼、そして確かな決意、情熱が表れています。

この心を受け止めるかのように、カール・ヒルティは、「現代の人たちに欠けているのは、とりわけ、喜びの心である」、そして「喜びの心を妨げるのは、いつもその人の身勝手さ、自愛心、怠惰である。喜びの心は、神へ従順であることの偽りない証《あか》しである」と語っています。詩人は、神様の教えに心を預け、歌います。「私はあなたの仰せを喜びます。それを私は愛します」

さらに詩人は歌います。「私は 愛するあなたの仰せを求めて両手を上げ あなたのおきてに思いを潜めます」(48節)。「両手を上げる」とは、神様への信頼の心をささげる祈りの姿です(28篇2

節、哀歌 3章41節)。「思いを潜める」とは、思い巡らす心です。詩人は神様の仰せ／教えを求めて祈り、神様の仰せ／教えに思いを巡らし、神様の語りかけに耳を傾けるのです。

時々「祈っていても埒《らち》が明かない」と言われる方があります。私もそうでした。「祈りではなく、考え、行動しなければダメだ」と不安に駆られていたのかもしれません。その結果、「感謝、喜び」の心がなくなってしまいました。しかし詩人は、神様の教えに心を傾ける中で、どんな苦境に立たされても〈自分を見失わない〉、むしろ苦境や試練を〈前向き〉に受け止めるのです。

次の聖書の言葉は、多くの人たちを励まし支えています。「いつも喜んでいなさい。絶えず祈りなさい。すべてのことにおいて感謝しなさい。これが、キリスト・イエスにあって神があなたがたに望んでおられることです」(テサロニケ人への手紙第一 5章16〜18節)

私たちの人生にはさまざまな〈分かれ道〉や〈苦境や試練〉があります。そのときに今日の詩人のように、「あなたの仰せを喜びます。愛します」と神様の教えに自分の心を預けてみませんか？ また、「両手を上げ　思いを潜めます」と神様の語りかけに耳を傾けてみませんか？ そして、神様が私たちに、あなたに望んでいる人生、「いつも喜び、絶えず祈り、すべてに感謝する」という、救い主キリストにある幸いな人生の旅をご一緒にしましょう！

あなたの上に神様の祝福が豊かにありますように！

■神のおしえの道⑶——私の旅の歌

「あなたのおきては　私の旅の家で　私の歌となりました。主よ　夜にはあなたの御名を思い起こし　あなたのみおしえを守ります」（詩篇119篇54、55節）

私が独りになったとき、時折私の心をよぎる讃美歌があります。『讃美歌』二八八番です。この詩の作者（十九世紀のジョン・ヘンリ・ニューマン）は、旅の中で病気になり、先が見えず、打ちひしがれます。そんな暗くきびしい現実の中で、導きの光を求める祈りの歌が生まれたと言います。「たえなる道しるべの光よ、家路もさだかならぬやみ夜に……」

詩篇の詩人は、「あなたのおきては　私の旅の家で　私の歌となりました」と歌います（54節）。「私の旅の家」――詩篇の詩人がこう歌うその背景には、「地上では旅人であり、寄留の者である」という「人生観」がうかがえます。それは数千年前に実際にあった、「四十年の間、移動式の天幕（仮庵）で荒野を旅した」過酷なイスラエル民族の歴史と重なります。そのつらい経験が詩人の心の中に歌い継がれているのです。

「私の歌」――けれどもそうした過酷な旅路の中で、人々は万物の存在／いのちの源である神様ご自身が、自分たちを見捨てず、そして神様の約束が自分たちとともにいつもあることを経験します。ですから人々は、いつでもどんなときでも神様に祈り、神様の前で思い切り泣くことができました。人々が口ずさむ歌は、慰めや喜び、希望、勇気をもたらしました。

詩篇の詩人はこの民族の歴史的経験をしっかり受け止め、「神様のおきて／教え」が「私の旅の家で私の歌となった」と歌うのです。

そして今日、この「私の旅の家での私の歌」は、救い主キリストによって私たちに引き継がれているのです。そうです。愛の神様は救い主キリストをこの世界に送り、私たち人間のすべての罪、過ち、重荷を引き受け、十字架の上でご自分のいのちと引き換えに私たちを、その苦しみ、悲しみ、暗闇の中から救い出し、いのちの光が輝く道へ導き出されたのです。

ですから、誰でもこのキリストの腕の中で「ありのままの自分」を言い表し、希望を胸に思い切り「泣く」ことができるのです。今日、このキリストが「私たちの人生の歌」なのです。

詩篇の詩人は「一日の終わり」に、こう歌います。「主よ 夜にはあなたの御名を思い起こしあなたのみおしえを守ります」（55節）

あなたも今日、救い主キリストを心に迎えてください。キリストが「あなたの道の光、旅の歌」となりますように！　あなたの上に神様の祝福が豊かにありますように！

■神のおしえの道⑷——地はあなたの恵みに満ちています

「主よ　地はあなたの恵みに満ちています。あなたのおきてを私に教えてください」（詩篇119篇64節）

「地はあなたの恵みに満ちています」（64節）

詩篇の詩人は、確信に満ちて歌います。天地万物の「いのちの源」である神様からの「祝福」が、「神様の恵み」がこの地、この世界に満ちていると。

ところが私たちは、神様の恵みに気がつかないのです。……はて？

昔、スイスのある町で急に水道の水が出なくなりました。しかし山の上の湖には、いつものように清い水が満々と満ちています。苦労して調べてみると、なんと、誰がいたずらしたのか、水を取り込む口（取水口）にぼろきれ、土砂、石が詰め込まれ、塞がれていたのです。

そうです。私たちの自分勝手な生き方が、聖書が「罪」と呼ぶ、神様に背を向ける自分勝手な生き方が「神様の恵み」を気づかなくさせ、その「豊かな恵み」を受けるのを妨げているのです。

「あなたのさとしの方へ足の向きを変えました」（59節）

私たちは、日常生活の中で「悪《あく》」と一線を画しているはずです。ところが悪の力は、巧みな姿で私たちの生活の中にグイグイと入ってきます。その上、この悪の力が私たちの欲望と重なると、いつの間にか悪の中に引きずり込まれ、あるべき道から外れていくのを止めることができないのです。

ところがこの詩人は、少し前の59節で、「私は 自分の道を顧みて あなたのさとしの方へ足の向きを変えました」と歌います。さらに、道から外れていきそうな状況の中で、「悪しき者の綱が私に巻き付いても あなたのみおしえを 私は忘れませんでした」(61節)と歌っています。「神様のおしえ」を通して、悪しき者との境界線をはっきりさせることができたのです。

そして詩人は感謝しつつ歌い、謙虚に祈るのです。「あなたのおきてを私に教えてください」いかがでしょう？ あなたも今日、神様の恵みを受けるのを妨げているもの、罪や過ちについて思い巡らしてみませんか？ そしてそれらを取り除くために、神様が私たちのところに送ってくださった救い主キリストを心に迎えませんか？ そのとき、今まで見えなかったこの地、この世界に満ちている神様の恵みを受け取ることができるでしょう。

さあ、あなたも今日から、いのちの光が輝く、神様の恵みあふれる世界の中で新しい人生を始めてください！ あなたの上に神様の祝福が豊かにありますように！

原田憲夫（はらだ・のりお）

神奈川県大磯町に生まれる。19歳の夏、「世の光」キャンプにてイエス・キリストを信じる。現在、横浜緑園キリスト教会（名誉牧師）・同所属「巡回宣教使」。「パンの家」主宰。保護司。ラジオ番組「世の光」、テレビ番組「ライフ・ライン」メッセンジャー。愛読書：『星の王子さま』『危険な旅ー天路歴程物語』など。愛唱歌：『苦しみわれを囲むとも』（教会福音讃美歌421番）、『ふるさと』など。『侘寂庵《わびさびあん》』にて「草花や小鳥たちを愛でながらお茶を飲むこと」が、現在の“ささやかな夢”。

板倉邦雄メッセージ

神様のわざを行うために、私たちがなすべきことは何か。それはまず、神のひとり子、救い主イエス・キリストを信じる信仰です。

■人生の海の嵐に——ヨハネの福音書 6章16〜21節

私たちの人生は時々、航海にたとえられます。穏やかな日があり、風や雨の日があり、そして嵐の日があるからです。しかし主イエス・キリストは、私たちを望む港へ導かれます。

さて、イエス様はひとりで山に退いてしまわれました。弟子たちは、夕方になったので、ガリラヤ湖畔に下りました。そして舟に乗って、湖を渡り、向こう岸のカペナウムの町へ行こうとしたのです。

すでに太陽は山陰に落ち、暗くなっていました。しばらく待っていましたが、イエス様は山へ行ったきり帰ってきません。しかたなく、弟子たちだけで舟に乗り込み出発しました。

ところが、しばらくすると山から突風が吹き下ろし、湖が荒れ始めたのです。

大波が舟に入ってくるので、弟子たちは水をかき出し、舟を漕ぎ進ませようとします。しかし、なかなか進みません。やっと四、五キロほど漕ぎ出したでしょうか。みな疲労困憊してしまい、舟の中で座り込んでしまったのです。

その時です。ふと目を上げますと、イエス様が舟の方へ向かって湖の上を歩いて来るではありませんか。弟子たちは疲労と不安でいっぱいでしたので、イエス様を見て恐れました。他の福音書では、弟子たちがイエス様を「幽霊と思ったからだ」と記しています（マタイの福音書　14章26節参照）。

しかし、イエス様は弟子たちに声をかけられました。

「わたしだ、恐れることはない」（ヨハネによる福音書　6章20節　口語訳）

弟子たちは、イエス様がそばにおられるだけで安心し、喜んでイエス様を舟に迎えました。弟子たちがイエス様を迎え入れ、イエス様が舟に乗り込んでくださると、なんと、ただちに嵐は鎮まり、彼らは無事、目的の港に着くことができたのです。

神の子イエス様が共にいてくださる人生、イエス様を心と生涯に迎え入れる人生は、たとえそれが嵐のような人生であっても、私たちを私たちの待ち望んでいる港へと導いてくれるのです。

聖書のことばです。

「主があらしを静められると、海の波は穏やかになった。こうして彼らは波の静まったのを喜び、主は彼らをその望む港へ導かれた」（詩篇　107篇29、30節）

■イエスを捜して――ヨハネの福音書 6章22～25節

五つのパンと二匹の魚によって五千人以上の人を養ったイエス様の奇跡（しるし）は、人々に衝撃を与えました。イエス様を王様に祭り上げようとする人もいました。しかしイエス様はそっと、ひとり山へ退いて行かれたのです。

さて、五千人の給食から一夜が明けました。群衆はガリラヤ湖の東岸、ティベリヤの町で朝を迎えました。ガリラヤ湖畔には一艘の小舟しかありません。イエス様は昨晩、弟子たちと一緒には舟に乗られなかったようです。ただ弟子たちだけが舟を出したのを人々は目撃していました。

イエス様も弟子たちもいなくなったので、人々は舟に乗ってガリラヤ湖畔の町カペナウムにイエス様を捜し求めて追って行ったのです。そして、イエス様の一行に出会うことができました。人々はイエス様に尋ねました。

「先生、いつ、ここにおいでになったのですか」（6章25節 口語訳）

ところで人々は、何の目的でイエス様を捜し求めていたのでしょうか。それはパンを食べて満腹したからです。イエス様について行けば食いっぱぐれることがないと考えたからです。

昔も今も、イエス・キリストを探し求める人には、三つのタイプがあるようです。

一つ目は、自分の欲望や願いを満たそうとして探し求める人です。その人にとって、イエス様は便利屋です。自分の都合のために、神様を利用しようとしているのです。

二つ目は、自分の心を満たしたいという動機でイエス様を探し求める人です。自分の考え方、生き方、思想、感性を満足させてくれるお方として、イエス様を求めるのです。

三つ目は、イエス様が生ける神の子、救い主だと信じ、イエス様のなさる奇跡（しるし）を見て信じ、ひたすら従う人です。

さて、私たちはどのような心と姿勢をもってイエス様を探し求めているでしょうか。どのような求め方であっても、イエス様と直接出会うことになりますようにと祈ります。かつて私も寂しくて、友だちが欲しくて、キリスト教の集会へ行ったことを忘れません。

聖書のことばです。

「求めよ、そうすれば、与えられるであろう。捜せ、そうすれば、見いだすであろう」（マタイの福音書 7章7節）

■朽ちる食物のためではなく――ヨハネの福音書 6章26、27節

「人は何のために働くのか」。私はこの疑問を高校二年生の秋に心に抱いたことを忘れることができません。それは、父や兄が仕事から帰って来ると、愚痴を言いながら酒を飲み、時にはけんかをしていたからです。

さて五千人の給食を経験した人々は、イエス様を捜しながら追いかけて来ました。そして、イエス様を見つけた人は言いました。「先生、いつ、ここにおいでになったのですか」(6章25節 口語訳)

イエス様は答えられました。「よくよくあなたがたに言っておく。あなたがたがわたしを尋ねてきているのは、〔五千人の給食の〕しるしを見たためではなく、パンを食べて満腹したからである」(26節)

人々がイエス様を一生懸命尋ね捜したのは、パンと魚を腹いっぱい食べて満腹したからでした。このイエス様について行けば、働かなくてもよい、食いっぱぐれがないと踏んだからでした。五つのパンと二匹の魚で五千人以上の人を養うというしるしを見たからではありません。このイエ

スこそ生ける神の子、救い主と信じたからではなかったのです。

本心を突かれた人々に対して、イエス様は続けて言われました。「朽ちる食物のためではなく、永遠の命に至る朽ちない食物のために働くがよい」（27節）

「人は何のために働くのか」という私の素朴な疑問に、イエス様が答えてくださいました。私たちは朽ちていくパンのために働くのではないのです。もしそうだったなら、労働はただ苦しいだけ、むなしいだけです。やけ酒も分かります。

そうではなく、私たちの働く労働は、永遠のいのちに至る、天の父なる神様と結びついた労働です。そのとき私たちの労働は、神様の素晴らしさを現すのです。最初の人アダムは、労働者としてエデンの園に置かれたからです（創世記 2章15節参照）。

昔の人は言いました。「働くことは傍《はた》を楽にすることだ」。自分の労働が傍《はた》にいる人を楽にし、自分を楽にしています。誰もが誰かのために働いています。誰でも、誰かのおかげで生きています。それが、神様のために働くことに結びつくのです。私たちの人生の目的は、次のみことばに表されているからです。

「だから、飲むにも食べるにも、また何事をするにも、すべて神の栄光のためにすべきである」

（コリント人への手紙第一 10章31節）

■神のわざを行うとは？——ヨハネの福音書 6章28、29節

初めに、ヨハネの福音書 6章28節と29節をお読みします（口語訳）。

「そこで、彼らはイエスに言った、『神のわざを行うために、わたしたちは何をしたらよいでしょうか』。イエスは彼らに答えて言われた、『神がつかわされた者を信じることが、神のわざである』」

さて、「神のわざを行う」とはどういうことでしょうか。イエス様に質問した人々も、ことばの意味を十分理解しないまま言ったのではないでしょうか。「神のわざを行う」ということは、あのこと、このことというさまざまなことを実行しなければならないと考えていたようです。すぐ前で、イエス様が人々に「朽ちる食物のためではなく、永遠の命に至る朽ちない食物のために働くがよい」（6章27節）と言われたからです。

では神様のわざを行うために、私たちは何をすべきでしょうかと質問したのは当然でしょう。イエス様が、神様のために働けとおっしゃったからです。

では、神様のわざを行うために、私たちは何をなすべきですか。

するとイエス様は、こう答えられたのです。「神がつかわされた者を信じることが、神のわざである」と。

「神がつかわされた者」とは、今人々の目の前にいるイエス様のことです。神様のわざを行うために、私たちがなすべきことは何か。それはまず、神のひとり子、救い主イエス・キリストを信じる信仰です。天の父なる神様がお遣わしになったイエス様を受け入れる信仰こそ、私たちにとって最大の神様のわざを行うことです。

「信仰がなくては、神に喜ばれることはできない」（ヘブル人への手紙11章6節）とあります。

私たちの人生を列車の旅にたとえるなら、まず機関室で運転するイエス様を信じて、私たちは客室に乗り込みます。そして人生という列車の旅を楽しんだり、悲しんだりして、人生の旅を味わうのです。私たちの人生の目的地、終着駅は神の国（天国）です。終着駅に着くまで、私たちは一日一日を信仰によって運転手イエス様にゆだねるのです。その時、私たちは神様のわざを行う者となるのです。

板倉邦雄（いたくら・くにお）

1946年、千葉県市原市に生まれる。現在、千葉県にある千葉みどり台教会牧師。ラジオ番組「世の光」メッセンジャー。分かりやすく、素朴な人柄を表すような語り口で、親しまれている。

村上宣道メッセージ

キリストのうちにある者とされるとき、それによって神様と私たちの交わりが回復し、人と人との関係が新しくなっていくのです。

■ただ信じるだけで

天国に行くことができるのは、良い行いをすることによってではない、ただ信じるだけでいいのだと、聖書は教えています。ただ、その信じるということがどういうことなのかについては、わかりやすそうで、実は案外わかりにくいのではないかと思うのです。

信じるというのは、例えば「鰯《いわし》の頭も信心から」のような「何でもいいから、その信じる心が大事なのですよ」ということではありません。信じるためには、その前提として、事実を事実として認めるということがなければなりません。この事実には二つあります。

一つは、過去、現在を問わず、自分にはたくさんの過ちや失敗があるということ。正直でなかったり、人を傷つけたり、妬みや憎しみなどを持っていたり。つまり、罪というものが自分の中にはあるという事実です。「私には罪なんか全くありません」と言う人は、イエス・キリストを救い主として信じる必要など感じません。キリストは「罪人を救うためにこの世に来られた」と聖書に記されているからです。

もう一つの事実は、人間が自分ではどうしても解決できない問題であればこそ、神は、イエス・キリストの十字架において、それを完全に解決してくださったということです。

旧約聖書には、キリストが生まれる何百年も前に、どこで生まれ、どういう生き方をし、どういう死に方をするか、そしてその死は何を意味するのかが予告されていました。キリストはそのとおり、十字架にかけられて死なれましたが、それは私たちの罪の贖《あがな》いのためにほかなりません。そんな気がするとかしないとかいう問題ではなくて、私たちの罪は、あのキリストの十字架の死で完全に片がついているという、この明確な事実をそのまま認めることが、信じることにつながるということなのです。

この二つの事実を認めるとき、私たちのうちには二つの反応が起こります。「ごめんなさい」と「ありがとう」です。自分の罪深さを知り、それが神の御子を十字架につけるほど重大なものであったことを認めるとき、素直にお詫びする気持ちが生まれます。

そして、このどうしようもない私のためにキリストが命を捨て、その決着をつけてくださった事実に対しては、ただ「ありがとうございます」と申し上げるほかありません。

「神は、実に、そのひとり子をお与えになったほどに世を愛された。それは御子《みこ》を信じる者が、一人として滅びることなく、永遠のいのちを持つためである」(ヨハネの福音書 3章16節)

永遠のいのちを持つ鍵は、事実を事実として認め、ただ信じるということなのです。

■人間関係を変えるには

聖書の中にこういうことばがあります。

「ですから、私たちは今後、肉にしたがって人を知ろうとはしません。かつては肉にしたがってキリストを知っていたとしても、今はもうそのような知り方はしません」（コリント人への手紙 第二5章16節）

「肉にしたがって」とは、人間的な価値観で、という意味です。以前はそのような価値基準で人を見ていたけれども、もう今は、そういう知り方をしないのだ、そういう人間理解ではないのだということです。

その後に「だれでもキリストのうちにあるなら、その人は新しく造られた者です。古いものは過ぎ去って、見よ、すべてが新しくなりました」（5章17節）という有名なことばが続きますが、キリストにあって新しくなるということは、他の人を見る見方も変わり、人間関係も新しくされることを含んでいます。

人は人との関係でしか生きられないものですが、私たちが生きる上で一番難しいと感じるのは、人間関係のことです。人間関係のストレスから病気になってしまうというような経験を、多くの方がもっていらっしゃるのではないかと思います。

私たちの人間関係は、なぜこのように問題の多いものになってしまったのでしょうか。

聖書を読むと、最初に造られた人間であるアダムとエバが神に背いて罪を犯してしまったとき、人間関係に破綻が生じたということが書かれています。夫婦の間には罪のなすり合いがあり、息子たちの間でも、兄が弟を殺してしまうという惨劇が起こりました。神様との関係が壊れているなら、そのことは人間関係にも影響を及ぼすということなのです。

健全な人間関係を回復するためには、神様との関係の修復をすること、そこからしか始まりません。自身のあり方を悔い改めて、そして神様を信じて、この神様に信頼していくときに、人間関係が変わっていくのです。

イエス・キリストによる救いは十字架によってなされましたが、十字架の縦の棒と横の棒はよく、二つの関係のたとえとして用いられます。縦の棒は神との関係、横の棒は人間同士の関係です。キリストは十字架において、私の罪の一切の解決をしてくださった。そのことを信じ、キリストのうちにある者とされるとき、それによって神様と私たちの交わりが回復し、人と人との関係が新しくなっていくのです。

村上宣道（むらかみ・のぶみち）

1933年、牧師の家庭に生まれる。中学２年生の頃、神の存在に疑いを持ち反抗、虚しい青春時代を過ごす。高校３年生の夏、神の愛にとらえられて回心、伝道者の道を志す。現在、埼玉県にある坂戸キリスト教会協力牧師。元ラジオ番組「世の光」、テレビ番組「ライフ・ライン」メッセンジャー。著書に『門は開かれている』『そうすれば幸せはくる』などがある。

「世の光」「ライフ・ライン」バイブルメッセージ集

愛の泉あふれて

2025年 4 月 1 日発行

企画・構成 一般財団法人 太平洋放送協会(PBA)

〒101-0062 東京都千代田区
神田駿河台 2-1 OCC ビル
電話 03-3295-4921
FAX 03-3233-2650
www.pba-net.com

発 行 いのちのことば社

〒164-0001 東京都中野区中野2-1-5
電話 03-5341-6923(編集)
03-5341-6920(営業)
FAX 03-5341-6932
e-mail:support@wlpm.or.jp
http://www.wlpm.or.jp/

ISBN 978-4-264-04578-6

北海道〔北海道福音放送協会〕
15 HBCラジオ（日）6:20am
HBCテレビ（日）4:45am

石川〔石川県放送伝道協力会〕
15 MROラジオ（日）6:45am

富山〔北日本放送「世の光」協力会〕
15 KNBラジオ（日）7:00am

長野〔長野県福音放送を支える会〕
15 SBCラジオ（日）7:10am

新潟〔新潟福音放送協力会〕
BSNテレビ（土）5:00am

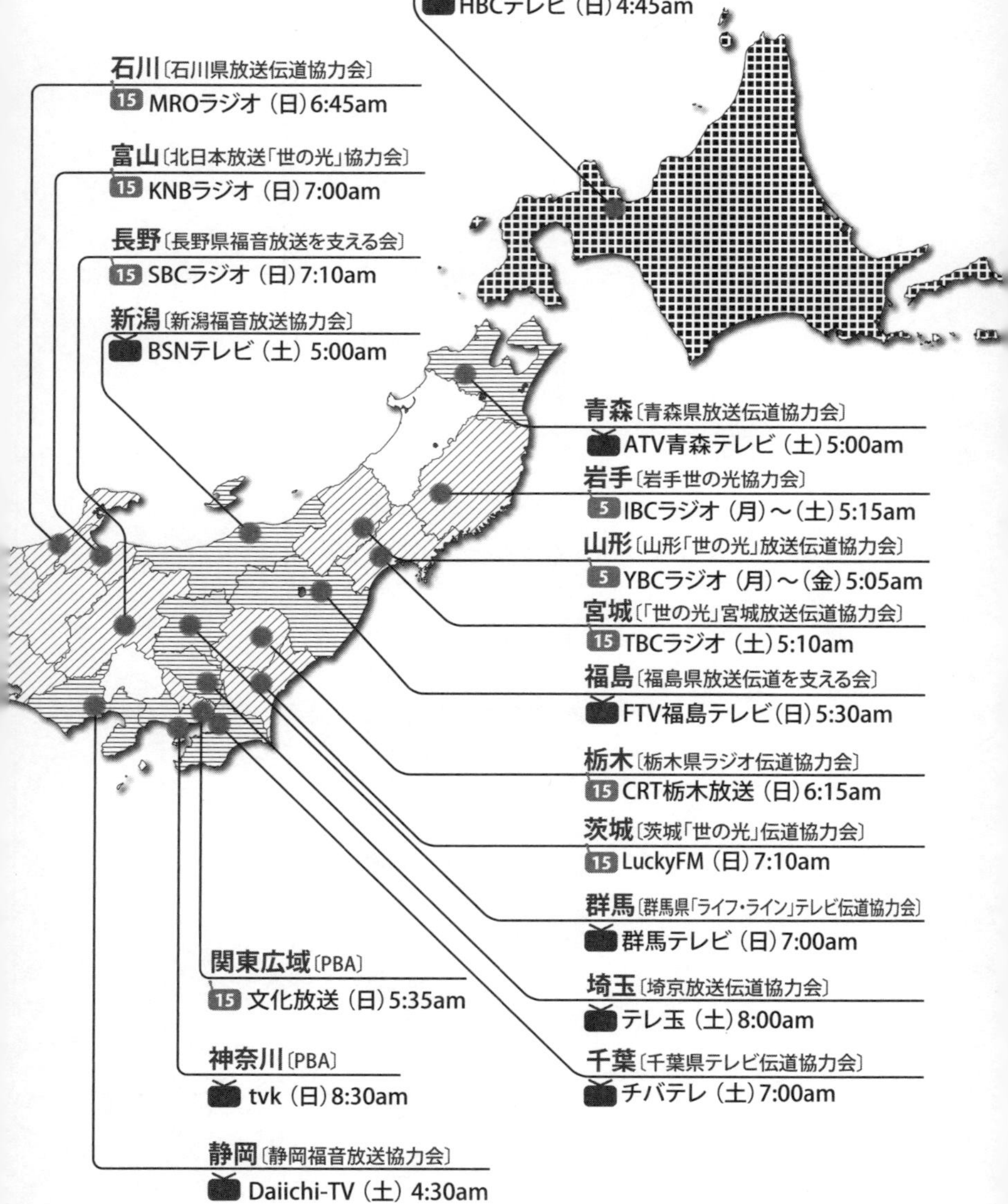

青森〔青森県放送伝道協力会〕
ATV青森テレビ（土）5:00am

岩手〔岩手世の光協力会〕
5 IBCラジオ（月）～（土）5:15am

山形〔山形「世の光」放送伝道協力会〕
5 YBCラジオ（月）～（金）5:05am

宮城〔「世の光」宮城放送伝道協力会〕
15 TBCラジオ（土）5:10am

福島〔福島県放送伝道を支える会〕
FTV福島テレビ（日）5:30am

栃木〔栃木県ラジオ伝道協力会〕
15 CRT栃木放送（日）6:15am

茨城〔茨城「世の光」伝道協力会〕
15 LuckyFM（日）7:10am

群馬〔群馬県「ライフ・ライン」テレビ伝道協力会〕
群馬テレビ（日）7:00am

関東広域〔PBA〕
15 文化放送（日）5:35am

埼玉〔埼京放送伝道協力会〕
テレ玉（土）8:00am

神奈川〔PBA〕
tvk（日）8:30am

千葉〔千葉県テレビ伝道協力会〕
チバテレ（土）7:00am

静岡〔静岡福音放送協力会〕
Daiichi-TV（土）4:30am

全国の福音放送マップ

ラジオ「世の光」シリーズ放送
テレビ「ライフ・ライン」放送
両方放送
放送局が所在する県（放送エリアとは異なります）

5 =ラジオ「世の光」（5分番組）
15 =ラジオ「世の光いきいきタイム」（15分番組）
=テレビ「ライフ・ライン」（30分番組）

福井〔福井・放送伝道協力会〕
5 FBCラジオ（月）～（金）6:40am,（土）5:45am

滋賀〔ライフ・ライン支援滋賀事務局〕
BBCびわ湖放送（土）8:00am

京都〔京都ライフ・ライン協力会〕
KBS京都TV（土）6:30am

兵庫・大阪〔近畿福音放送伝道協力会〕
サンテレビ（日）7:00am

鳥取・島根〔「世の光」山陰協力会〕
5 エフエム山陰（月）～（金）6:15am

広島〔中国地方放送伝道協力会〕
5 RCCラジオ（月）～（土）5:05am

山口〔山口世の光を支える会〕
5 KRYラジオ（月）～（土）5:20am

長崎・佐賀・福岡〔西九州放送伝道協力会〕
15 NBCラジオ（日）6:40am

熊本〔熊本ラジオ伝道協力会〕
15 RKKラジオ（日）5:45am

宮崎〔宮崎世の光放送協力会〕
5 MRTラジオ（月）～（土）5:10am

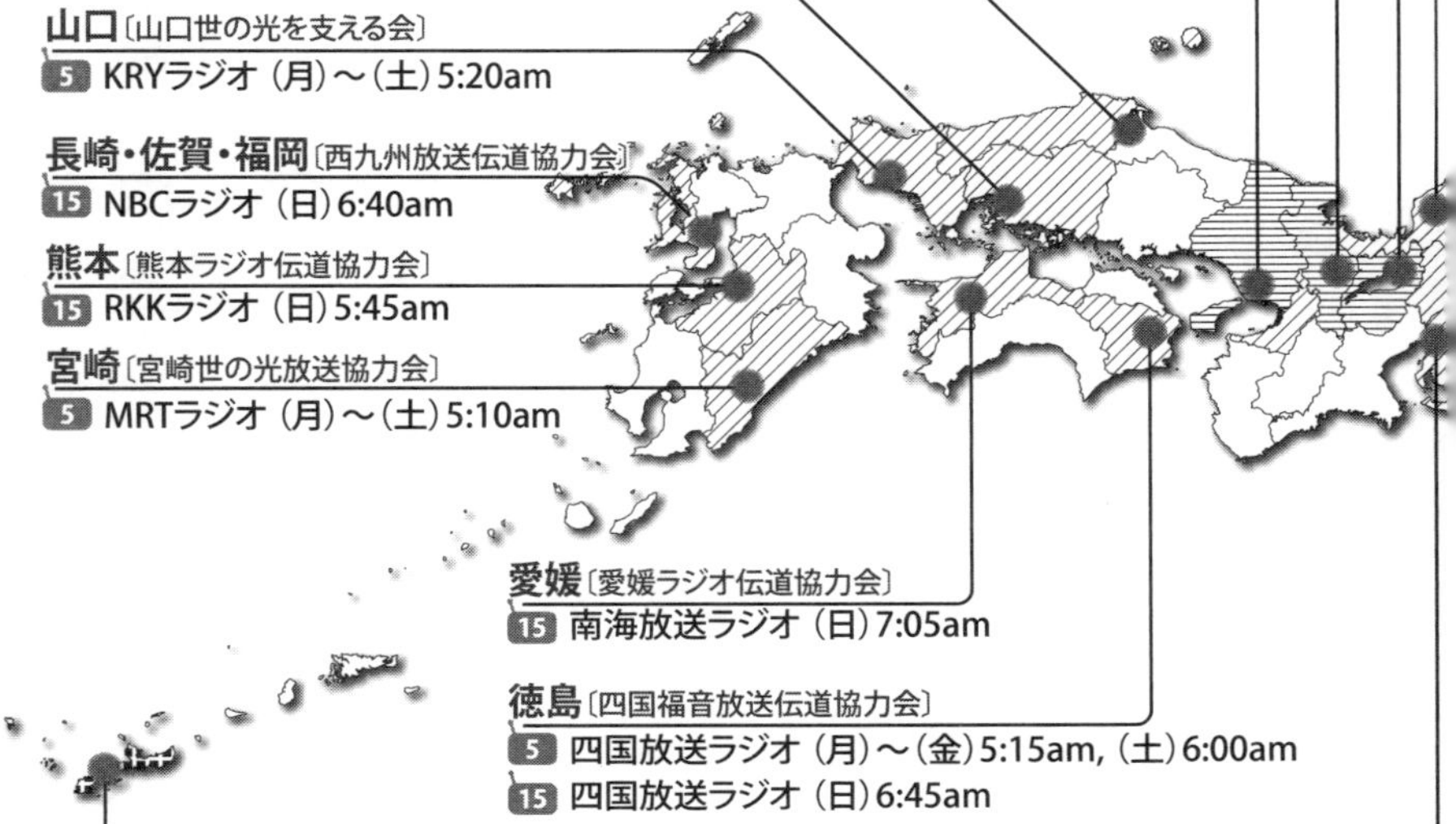

愛媛〔愛媛ラジオ伝道協力会〕
15 南海放送ラジオ（日）7:05am

徳島〔四国福音放送伝道協力会〕
5 四国放送ラジオ（月）～（金）5:15am,（土）6:00am
15 四国放送ラジオ（日）6:45am

中京広域〔東海福音放送協力会〕
5 ぎふチャンラジオ（月）～（土）6:10am
5 東海ラジオ（月）～（土）5:40am
15 東海ラジオ（日）26:00（=(月)2:00am）

沖縄〔全沖縄世の光/ライフ・ライン放送協力会〕
15 ROKラジオ沖縄（土）6:45am
OTVテレビ沖縄（土）5:30am

あなたの心に、潤いと希望とやすらぎを与える番組です。

朝一番のビタミン

RADIO 世の光

radio-yonohikari.com

「世の光」

［岩手］	IBCラジオ	(月)～(土)	5:15am
［山形］	YBCラジオ	(月)～(金)	5:05am
［福井］	FBCラジオ	(月)～(金)	6:40am
	〃	(土)	5:45am
［中京広域］	東海ラジオ	(月)～(土)	5:40am
［岐阜］	ぎふチャンラジオ	(月)～(土)	6:10am
［鳥取・島根］	エフエム山陰	(月)～(金)	6:15am
［広島］	RCCラジオ	(月)～(土)	5:05am
［山口］	KRYラジオ	(月)～(土)	5:20am
［徳島］	四国放送ラジオ	(月)～(金)	5:15am
	〃	(土)	6:00am
［宮崎］	MRTラジオ	(月)～(土)	5:10am

「世の光いきいきタイム」

［北海道］	HBCラジオ	(日)	6:20am
［宮城］	TBCラジオ	(土)	5:10am
［茨城］	LuckyFM	(日)	7:10am
［栃木］	CRT栃木放送	(日)	6:15am
［関東広域］	文化放送	(日)	5:35am
［富山］	KNBラジオ	(日)	7:00am
［長野］	SBCラジオ	(日)	7:10am
［石川］	MROラジオ	(日)	6:45am
［中京広域］	東海ラジオ	(日)	26:00［=(月) 2:00am］
［愛媛］	南海放送ラジオ	(日)	7:05am
［徳島］	四国放送ラジオ	(日)	6:45am
［熊本］	RKKラジオ	(日)	5:45am
［長崎・佐賀・福岡］	NBCラジオ	(日)	6:40am
［沖縄］	ROKラジオ沖縄	(土)	6:45am

■でんわ世の光［3分メッセージ］

札　幌	011-299-5870	宇都宮	028-658-9919	広　島	082-253-7320
岩　手	019-653-4040	東　京	03-3291-9061	山　口	083-927-6870
山　形	023-642-3458	新　潟	025-272-3592	徳　島	088-631-8123
水　戸	029-273-9494	福　井	0776-33-5943	那　覇	098-932-0605（休止中）
土　浦	029-874-5577	名古屋	052-763-4090		
石　岡	0299-22-4891	大　阪	06-6467-4032		

心にやすらぎと希望を！

TV ライフ・ライン

tv-lifeline.com

［北海道］	HBCテレビ	(日)	4:45am
［青森］	ATV青森テレビ	(土)	5:00am
［福島］	FTV福島テレビ	(日)	5:30am
［群馬］	群馬テレビ	(日)	7:00am
［埼玉］	テレ玉	(土)	8:00am
［千葉］	チバテレ	(土)	7:00am
［神奈川］	tvk	(日)	8:30am
［新潟］	BSNテレビ	(土)	5:00am
［静岡］	Daiichi-TV	(土)	4:30am
［滋賀］	BBCびわ湖放送	(土)	8:00am
［京都］	KBS京都TV	(土)	6:30am
［兵庫・大阪］	サンテレビ	(日)	7:00am
［沖縄］	OTV沖縄テレビ	(土)	5:30am

＊放送時間は変更になることがあります。それぞれの番組ホームページでご確認ください。

福音コンテンツ満載のWEBサイト
聖書チャンネル BRIDGE
www.seishobridge.com

企画・制作／
一般財団法人 太平洋放送協会（PBA）